JN100953

FOMC 経済見通しと
議長記者会見の読み解き方

FRB

FEDERAL RESERVE BOARD

の仕組みと
経済への影響
がわかる本

工藤浩義
Hiroyoshi Kudo

日本実業出版社

はじめに

　金融業界のプロフェッショナル、ファイナンシャル・プランナーなどマネー関係の仕事の方々、株やFX等の投資家にとって、世界の金融市場や経済の動きを知り、読み解くことは非常に重要です。

　そして、そのためにはアメリカのFRB（連邦準備制度理事会）の動向を無視するわけにはいきません。

　とくに、FRBの会合であるFOMC（連邦公開市場委員会）の決定事項は重要になります。FOMCの動きによってアメリカの国内金利水準が決まり、ひいては株式市場や為替市場における相場水準が決まる起点となるからです。

　しかし、限られた金融のプロを除くと、FRBやFOMCの具体的な内容や背景までを把握している人は少ないのではないでしょうか。

　私は、銀行で融資・預金業務、さらにSWIFT・コルレス業務などの外国為替業務を行い、その後、事業会社の経理や財務といった実務に携わってきました。変動する金融市場と向き合う中で常に考えていたのは、FRBなど中央銀行の政策決定とその見通しでした。

　その後、立場が変わり、日経225オプションや債券先物といった金融派生商品の解説記事を執筆しつつ、金融・証券市場関係者や経理・財務担当者向けに国内外の中央銀行の動向や政策についての記事を執筆してきました。

　「金融の実務に携わる」と「金融情報を伝える」——立場は変わっても、FRB、日本銀行、ECB（欧州中央銀行）など、各国の中央銀行の政策決定が常に焦点となっていました。

　本書は、こうした経験から得た知識を元に、FRBの重要性や役割、

政策決定の背景までを掘り下げています。

　また、金融のプロの中でも一部の専門家が注目するFRBの情報の読み解き方を、一般の金融ビジネスに携わる方や投資家の方々も理解し、実際の業務や投資判断に活かせるよう、見るべきポイントを明確に解説しています。

　FRBがどのような思考をして、どのような情報を出しているのか、どこにポイントがあるのかを知ることは、世界経済の動きを読むうえで、確実に役に立つと考えます。FRBの動きや方針を理解することで、より明確な投資判断や業務戦略を立てる手助けともなります。

　構成は、まず初めにFRBという組織の全体像を示し、さらにFOMCの経済見通し（SEP）、議長記者会見の重要性、さらにはFRBが世界経済に与える影響を解説。

　さらに、FRBの主要目的である「雇用の最大化」と「物価の安定」に焦点を当てて詳しく紹介し、彼らの考え方の背景や意義をつかめるようになっています。

　金融の世界は複雑で常に変動しています。FRBの動きを知ることは、金融のプロの目線で金融市場を見ることになり、大きな武器になります。

　本書を通して、FRBの深い知識と理解を身につけ、それぞれの業界で一歩先を行く存在となられることを心から願っております。

2023年8月

工藤浩義

はじめに

第2章 3年先までの政策がわかる
「FOMC経済見通し」(SEP)の読み方

第3章 | FOMC直後に行われる FRB議長の記者会見は必見！

第4章 | FRBの金融政策が
世界経済に影響を与える

第**5**章 ┃ **FRBの目的①「雇用の最大化」**
┃ **──「雇用統計」に敏感になると動きが読める**

第6章 FRBの目的②「物価の安定」
―物価についてどう見ているのか

第7章 FRBの政策に影響を与える
その他の経済指標

装丁／井上新八

本文DTP／一企画

企画協力／ネクストサービス株式会社　松尾昭仁

第 **1** 章

FRB（連邦準備制度理事会）
とはどのような組織で、
何を目的にしているのか

FRBとは何か
——概要とその目的

　日本で一般に「FRB」（連邦準備制度理事会）として知られる組織は、アメリカ合衆国の中央銀行に相当します。1913年の「連邦準備法」（Federal Reserve Act）＊成立により「連邦準備制度」（FRS, Federal Reserve System）の組織として設立されました（次ページ図参照）。

　この法律が成立した背景には、1907年の金融危機がありました。米国経済の健全な発展を図るためには、当時ヨーロッパですでに存在していた「中央銀行」の設立を、米国内においても法律で定める必要がある、といった考え方がありました。

　法案の起草当初から、単一の中央銀行ではなく中央銀行として機能する「制度」が考えられました。

　この制度は、①全体を統括する理事会の設置、②12の連邦準備銀行からなる分散型の運営構造、③公共と民間の特性をあわせ持つ組織、といった3つの特徴を持っています。

　連邦準備法では、連邦準備制度の目的・構造・機能が定められています。また連邦議会に法改正の権限があり、実際に数年ごとに何度も改正が実施されてきました。

＊**連邦準備法**
「連邦準備法」"Federal Reserve Act" というのは略称で、正式な法律名は以下の通りです。"An Act to provide for the establishment of Federal reserve banks, to furnish an elastic currency, to afford means of rediscounting commercial paper, to

■連邦準備制度（FRS）の仕組み

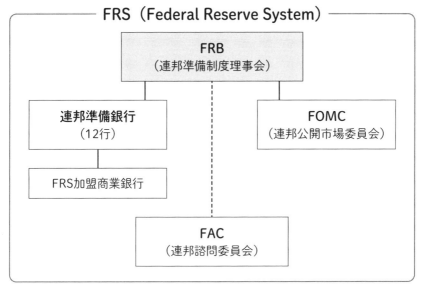

FRS（Federal Reserve System）

- FRB（連邦準備制度理事会）
- 連邦準備銀行（12行）
- FRS加盟商業銀行
- FOMC（連邦公開市場委員会）
- FAC（連邦諮問委員会）

establish a more effective supervision of banking in the United States, and for other purposes."（連邦準備銀行を設立し、弾力的な通貨供給を行い、商業手形の再割引手段を提供し、アメリカ合衆国における銀行業務の監督をより効果的に行う、などを定めた法律）

雇用の最大化と物価の安定が目標

1977年には、政策目標として、"the goals of maximum employment, stable prices, and moderate long-term interest rates"（雇用の最大化、物価の安定、適正な長期金利）といった文言が法改正により加えられ、FRBの法的な責務が明確に定められました。

この中で、「雇用の最大化」と「物価の安定」の2つが、FRBの政策目標として、FRB関連の会見や文書、あるいはメディアでも多く引用されています（第5章、第6章参照）。

FRBは、効果的な経済政策を促し、さらに広くは公共の利益を守るために、以下の5つの機能を持つとされています（"The Fed Explained: What the Central Bank Does" - Federal Reserve System Publication - より）。

① 　金融政策の実施

　米国経済における雇用の最大化と物価安定化の促進

② 　金融システムの安定化

　米国内外での積極的な監視・関与を通じて、システミック・リスクを最小化、抑制

③ 　個々の金融機関の安定性と健全性の促進

　個々の金融機関が全体の金融システムに与える影響を監視

④ 　支払決済システムの安全性と効率性の促進

　銀行業界や米国政府に対して米ドル取引や支払いの円滑化促進

⑤ 　消費者保護と地域開発の促進

　消費者重視の監督と検査、新しい消費者問題とトレンドの研究・分析、地域経済の開発活動、消費者に関する法規制の運用

　このうち、個々の金融機関の監督・規制、消費者保護、金融システムの安定化などは、日本では中央銀行である日本銀行ではなく金融庁が主に担っています。その意味では、米国FRBは日本でいう日本銀行と金融庁の役割をあわせ持つ組織だといえ、金融に関する権限がFRBに集中しています。

　欧州でもユーロ圏内では、これらの機能は欧州中央銀行（ECB, European Central Bank）と域内各国の監督機関が分担して担うことになっており、米国FRBのように監督権限がECBに集中することはありません。

FRBの組織構造と主な役割

複数の組織から成り立っているFRB

FRBは、英語では "Federal Reserve"、もしくは "Fed" といいます。

日本語でFRBというときは、概ね「**連邦準備制度理事会**」のことを指すようです。FRBは "Federal Reserve Board" の頭文字から来ていますが、広い意味では「連邦準備制度」、すなわちFRS（Federal Reserve System）のことを意味します。

ただし、英文では "FRB（Federal Reserve Bank）of New York" のように、連邦準備銀行（28ページ参照）も略してFRBと呼ばれることがあるので注意が必要です。

本書でFRBという場合は、とくに断りのない限り、「連邦準備制度理事会」を指すこととします。

一般に中央銀行というと、日本銀行のように国家等の中核となる1つの銀行を指し、1つの組織ですが、「FRB」は以下の3つの部分から成り立っています（15ページ図参照）。

1．連邦準備制度理事会（FRB, Federal Reserve Board）
2．連邦準備銀行（FRB, Federal Reserve Banks）
3．連邦公開市場委員会（FOMC, Federal Open Market Committee）

このうち、1913年の連邦準備法の制定当初から定められていたのは、「連邦準備制度理事会（FRB）」と「連邦準備銀行（地区連銀）」の2つ

です。

　連邦準備銀行は全米を12に分けた各地区にあり、それぞれの地域の経済を把握するための情報収集、そして地区の銀行業界の監督を行います（28ページ参照）。

　12の地区の境界は、1913年当時の主要な商業地域を中心に、経済的なつながりを考慮して決められたもので、必ずしも州の境界線とは一致しません。

　さらに、各地区の連邦準備銀行（地区連銀）は、それぞれ独立して運営されることになっており、下部に置かれた加盟商業銀行が地区連銀から資金を借り入れる際のディスカウント・レートは、地区連銀ごとに独自に設定されました。

　また、公開市場操作（市場に流通する政府発行の債券を売買して、市場の資金量を調節し金利水準をコントロールすること）や市中銀行との取引も地区連銀が行いました。

　当時（1913年）は、現在のように全米単位の経済政策を立案するといった考え方は発展しておらず、各地区連銀が、それぞれの地域経済のニーズに応じて行動していたため、公開市場操作も地域限定の影響力にとどまりました。そのため、理事会による政策決定と地区連銀による公開市場操作は、それぞれ独自の判断で行われました。

金融政策運営のためFOMCが創設された

　しかし、通信や交通が発達するに伴い金融サービスも進歩し、州を超えた経済活動や金融取引が活発化するようになると、金融政策の効果的な運営のために、FRS全体の協力と調整が必要になってきました。

　そこで、1933年の「銀行法」の制定と1935年の連邦準備法の改正を経て、「連邦公開市場委員会」（FOMC, Federal Open Market Committee）が創設されました。

■FRBの12の連邦準備銀行
- FRB（Federal Reserve Board）
- 連邦準備銀行（Federal Reserve Banks）

第1地区　ボストン連邦準備銀行	第7地区　シカゴ連邦準備銀行
第2地区　ニューヨーク連邦準備銀行	第8地区　セントルイス連邦準備銀行
第3地区　フィラデルフィア連邦準備銀行	第9地区　ミネアポリス連邦準備銀行
第4地区　クリーブランド連邦準備銀行	第10地区　カンザスシティ連邦準備銀行
第5地区　リッチモンド連邦準備銀行	第11地区　ダラス連邦準備銀行
第6地区　アトランタ連邦準備銀行	第12地区　サンフランシスコ連邦準備銀行

※詳しくは28ページ参照。

　FOMCでは理事会と地区連銀の双方から参加メンバーが入り、両者の考えが1つの場で集約されます。

　したがって、FOMCが設立される以前に問題とされていた理事会と地区連銀、あるいは地区連銀同士の間で見られた金融政策の齟齬をなくし、アメリカ全体で整合性のある金融政策を実施することができるようになりました。

FRBの決定事項は世界の
金融市場に大きな影響を与える

7人の理事で構成されるFRB

　FRB（連邦準備制度理事会）は7人の理事からなり、米国における中央銀行の役割を担う組織である連邦準備制度（FRS, Federal Reserve System）を統括します。

　7人の理事は大統領が指名します。任期は14年で、前任者の任期途中を引き継がない限り、再任はありません。議長と副議長も同様に大統領が指名します。任期はそれぞれ4年で再任もあります。ただし任期中の理事であるか、理事でなければ同時に理事にも指名されることが指名の条件です。

　FRBの決定事項は、世界の金融市場に大きな影響を与えます。とくに重要な金利政策などの通常の業務については後に述べますが、ここではそれ以外の以下の3つのテーマについて解説しておきます。

① 　市場との対話
② 　米ドルの基軸通貨としての役割
③ 　中央銀行デジタル通貨（CBDC）

① 　市場との対話

FRBは実施政策を市場に伝える

　「市場との対話」とは、FRBが市場の意見や反応を理解し、同時に市場がFRBの政策についての考え方や具体的な実行方法について理解す

■FRB（連邦準備制度理事会）のメンバー

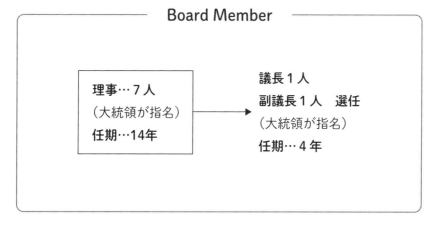

Board Member

理事…7人
（大統領が指名）
任期…14年

→

議長1人
副議長1人　選任
（大統領が指名）
任期…4年

ることをいいます。

　具体的には、FRBが市場の反応を前提に、一定の政策実施を市場に伝達することです。その背景にある考え方は、「透明性」と「予測可能性」です。

　伝達の方法としては、
・連邦公開市場委員会（FOMC）の声明文
・経済見通しの公表
・議事要旨の発表
・議長記者会見・議会証言
　などがあります。

　こうした情報を伝達する中で、FRBの経済情勢の認識や金融市場の現状、将来認識を市場と共有し、市場の安定化を図りながら金融政策の効果を高めることを目指しています。

フォワードガイダンスで見通しを共有する

　中央銀行が表明する「フォワードガイダンス」もこの範疇に入ります。

　フォワードガイダンスとは、金融政策に関する「将来（フォワード）」の「指針・方針（ガイダンス）」という意味です。

　中央銀行が、一定の金融政策を実施する期限や、金利見通しなど、将来にわたる金融政策の方針を市場に示すことで市場の予想を安定的に導き、市場の安定化を促進する手段です。

　例えば、FRB以外では日本銀行が、2013年1月以来、2％の物価目標を掲げて政策運営していますが、この2％目標とは一度でもこの水準に達するまで、という意味ではありません。

　消費者物価指数（除く生鮮食品）の前年比上昇率が「安定的に2％を超えるまで」マネタリーベースの拡大を継続すると決めており、「オーバーシュート型コミットメント」といわれます。

　このように一定の時間軸を持たせることが、フォワードガイダンスになります。「安定的に超えるまで」という、金融緩和策維持の時間軸を設定することで、緩和策の安定・強化につなげる狙いがあります。

　FRBについても、FFレート（フェデラル・ファンド・レート）＊の0％～0.25％のレンジへの誘導（実質ゼロ金利）政策を、「しばらく（for some time）続ける」から「長い間（for an extended period）続ける」など表現を変更したり、その後はゼロ金利政策の期限について「少なくとも2013年半ばまで」へと変更したりするなど、様々な試みが実施されてきました。

　最近では、インフレ高進に対抗するための利上げについて、「利上げ幅」や「利上げの最終到達点（ターミナル・レート）」がフォワードガイダ

ンスになっています。

　こうした政策は、金利政策のような従来の金融政策とは異なるという意味で、「非伝統的金融政策」と呼ばれます。FRBのフォワードガイダンスは、世界の金融市場に大きな影響を与えます。

＊FFレート

FFはフェデラル・ファンド（Federal Funds）の略。FRSに加盟する銀行は、連邦準備銀行に一定額を預け入れることが義務付けられている。この資金が不足する加盟銀行は、他銀行に無担保で資金を借りて預け入れる。この際に適用される金利がFFレートと呼ばれる。

②　米ドルの基軸通貨としての役割

ブレトン・ウッズ体制に始まるドルの基軸通貨

　米ドルは世界の「基軸通貨」としての役割を果たしているため、FRBが行う金融政策によっては、世界中の経済や市場に多様な影響を及ぼします（第4章参照）。

　米ドルが基軸通貨としての役割を持つようになったのは、1944年の**ブレトン・ウッズ体制＊**の時代からです。第二次世界大戦後の国際通貨体制であるブレトン・ウッズ協定において、米ドルが金と交換可能であることが確認され、米ドルを基軸通貨とする体制が確立されました。

　具体的には、各国通貨が固定相場でドルとリンクし、ドルは金1トロイオンス当たり35ドルで、金とリンクする制度です。

　各国通貨は、間にドルを挟んで金とリンクする形になり、この意味では「金ドル本位制」とも呼ばれます。

　このため米ドルは、世界の貿易・資本取引、外貨準備で中心的な役割を担うようになりました。この制度は、1971年にアメリカが金とドルの

交換を停止したことで崩壊しましたが、現在でもブレトン・ウッズ協定は、国際通貨体制の歴史的な出来事として、多大な影響を与えています。

　例えば一部の国では、現在でも自国通貨の対外価値をドルにリンクさせるという「ドルペッグ制」を採用するなど、米ドルが重要な役割を果たしています。

　ドルペッグ制とは、為替レートを固定してドルにペッグ（括りつける）する制度で、外貨準備でドルを積み立て保有することで自国通貨の安定を図るものです。具体的にはドルペッグ制を採用する国の中央銀行が為替市場に介入して、ドルとの交換レートが一定に保たれるように調整します。

　ただし、このドルペッグ制には弱点があります。ドルに連動するということは、為替市場でドルが急激に変動する際には、自国通貨もドル以外の通貨に対して急激に変動することになります。

　具体的には米国の金融政策が変更された結果、ドル相場が大きく変動した場合、あるいは米国の金融政策が経済環境にうまく対応できなかったときのドル相場変動の影響を大きく受けます。

　また、相場を一定に保つための為替介入に備えて、大量の外貨準備を保有する必要があり、国家予算の負担になります。

　ドルペッグ制を採用している国々にこうした負担があることは、FRBの金融政策が国境を越えて広く影響を与えていることを示しています。

＊ブレトン・ウッズ体制
1944年7月、米国のニューハンプシャー州ブレトン・ウッズにおいて調印された協定。連合国通貨金融会議（45か国参加）で締結された。米ドルを国際的な基軸通貨とし、金1トロイオンス＝35ドルと定め、ドルと金との兌換を保証した。参加各国の通貨は固定相場で米ドルとリンクした。1971年、米国のニクソン大統領が、ドルと金の交換を停止したことで崩壊。固定相場から変動相場制へと移行していく。

FRB政策の世界への影響

FRBの金融政策が世界経済に与える影響は他にもあります。例えばFRBが利上げを行うと、高い金利での運用を求めてドル買いが進み、海外からの資金が米国に流れ込みます。

その結果として海外の市場が混乱したり、新興国経済にとってはドル資金の調達が困難になったりすることがあります。

実際に、2013年にFRBが示した量的金融緩和政策＊の縮小によって米国の長期金利が上昇し、新興国の市場に流れる投資資金が減少したことで、新興国の通貨や株価が下落して、新興国経済が多大な影響を受けました。

とくに、インドネシア、ブラジル、トルコ、南アフリカなどの国々で通貨安や株価下落が発生し、インドネシア・ルピアやトルコ・リラなどの通貨が急落する事態が起きました（126ページ）。

このように、FRBの政策は世界の金融市場に大きな影響を与えます。とくに、米ドルが国際通貨でありながら、米国の法定通貨でもあるため、FRBが国内経済の安定化のために行う金融政策によっては、世界中の経済や市場に影響を及ぼすことになります。

その法定通貨である米ドルの通貨発行権は、FRS（Federal Reserve System/連邦準備制度）にあります。FRSの中心となって政策を決定するのが理事会（FRB）であるため、その影響力が、米国内と米国以外の多くの国々に影響を与えることになるわけです。

＊量的金融緩和政策
2008年、世界経済危機に際してFRBが講じた大規模な金融緩和策。FRBが米国債や住宅ローン担保証券（MBS）等を買い取ることで市場に資金を供給し、商業銀行の資金力を高めることで経済を下支えした政策。

CBDCは現金と同じ性質を持つ

　最近のFRBの注目すべき取り組みの1つは、「**中央銀行デジタル通貨**」（**CBDC**, Central Bank Digital Currency）の検討です。

　CBDCは、中央銀行が発行するデジタル通貨であり、現金に代わるものとして注目を集めています。FRBは、2020年代初頭にはCBDC発行の検討を発表し、その後、CBDC研究チームを設立しました。

　CBDCの導入は、現金の廃止、および電子マネー等の民間企業が発行するデジタル通貨の拡大に対する対抗策としての狙いもあります。

　CBDCは、基本的には現在使われている現金（紙幣・硬貨）をそのままデータ化して通貨として使う形が基本です。したがって、法定通貨として強制的な通用力があります。また、電子マネーのような利用料や事後の銀行口座における振替処理が不要など、紙幣や硬貨と同じ性質を持ちます。

　CBDCの特徴は、従来の通貨の性質にとどまらないところです。

　CBDCにはFRBがプラスやマイナスの金利を付けることが可能になります。そのため、インフレを抑制するために金利を引き上げたり、消費を刺激するためにマイナス金利を付けたりすることが、理論上は可能になります。

　従来の紙幣や硬貨といった通貨は物理的なものなので、その所有者、保有量、保有期間を把握することは現実的に不可能です。したがって、中央銀行が利息を付けるべき現金保有者、保有量、保有期間のデータを得られず、現金に利息を付けることはできません。

　しかし、CBDCは電子的に管理されるため、プラスやマイナスの利息

を付与することが可能になります。

　また、CBDCは世の中のすべての金利の下限として機能します。CBCDは、従来の紙幣や硬貨と同様に中央銀行の信用を元に発行されるためです。したがって保有に際して民間の金融資産に投資するようなリスクがありません。

　一般の銀行預金や証券などの金融資産は、そのリスクを程度に応じて利息や利回りといった形で上乗せしているからです。

　また、従来の紙幣や硬貨といった現金とCBDCとの間で交換レートを設定すれば、CBDCの保有にマイナス金利が付けられても、直ちに現金保有が増加するのを防ぐことも可能です。

　例えば、CBDCの保有にマイナス1％の金利が付いていると、年間1％のコストが発生します。すると人々は金利が0％の紙幣や硬貨などの現金を持とうと考えるでしょう。しかし、CBDCから現金に引き換える際の交換レートが1％のディスカウント、つまりCBDC100に対して現金は99しか受け取れないとしたら、保有する予定が1年に満たないCBDCは、この条件だけで考えればそのまま持っていたほうがよいことになります。

　こうした特徴から金融政策に新たな柔軟性をもたらすことが期待されています。

　一方で、CBDCには多くの課題が存在します。とくに、プライバシーの問題が重要視されています。中央銀行が発行するCBDCは、中央集権的な管理となるため、個人情報の保護や、支払履歴の追跡ができてしまうといった問題が生じる可能性があります。

　FRBは現在、CBDCの実験や検討を進めている段階であり、導入までにはさらなる検証が必要です。しかし、FRBがCBDC導入を検討していることは、世界の金融市場に大きな影響を与えると予想されます。

地域経済とFRBの架け橋となる 12の「連邦準備銀行」

全米の各地域にある連邦準備銀行

　全米に12行ある連邦準備銀行（地区連銀）は、連邦準備法により各行とも9人ずつの取締役が運営の監督を行っています。また9人の取締役は3人ずつ、クラスA、クラスB、クラスCの3つのクラスに分けられます。各クラスの違いは以下の通りです。

- クラスA：加盟銀行の代表。加盟商業銀行が選出する。
- クラスB：金融業界に直接関与していない一般市民の代表。加盟商業銀行が選出する。
- クラスC：金融業界に直接関与していない一般市民の代表。FRBが任命する。

　なお、地区連銀取締役会の議長と副議長は、クラスCの取締役の中から選ばれます。

　また、クラスBとクラスCの取締役は、農業、商業、産業、サービス、労働の各業界や消費者の利益を十分に考慮し、かつ特定の業界に偏って排他的になることなく、一般市民の代表を務めることが法令で定められています。

　さらに、ボストン連銀、ニューヨーク連銀、フィラデルフィア連銀を除くほとんどの地区連銀には、少なくとも1つの支店があります。連邦準備法の定めで、支店の取締役の大部分はその地区の連銀によって任命

され、残りの取締役はFRBによって任命されます。ほとんどが7名ですが、一部5名の支店もあります。

　また地区連銀の総裁は、クラスBとクラスCの取締役によって、経済学や金融に関する深い理解を持つ人物が選出され、FRBに推薦されます。FRBが承認すれば正式に任命され、任期は5年で再任も可能です。

■ 地区連銀の概要

第1地区　ボストン連邦準備銀行	
本店所在地	マサチューセッツ州　ボストン
担当区域	メイン州、マサチューセッツ州、ニューハンプシャー州、ロードアイランド州、バーモント州、フェアフィールド郡以外のコネチカット州
支店なし	
第2地区　ニューヨーク連邦準備銀行	
本店所在地	ニューヨーク州　ニューヨーク
担当区域	ニューヨーク州、コネチカット州のフェアフィールド郡、ニュージャージー州北部の12郡、プエルトリコ自治連邦区、アメリカ領バージン諸島
支店なし	
第3地区　フィラデルフィア連邦準備銀行	
本店所在地	ペンシルベニア州　フィラデルフィア
担当区域	デラウェア州、ニュージャージー州南部の9郡、ペンシルベニア東部3分の2地域の48郡
支店なし	
第4地区　クリーブランド連邦準備銀行	
本店所在地	オハイオ州　クリーブランド
担当区域	オハイオ州、ケンタッキー州東部の56郡、ペンシルベニア州西部の19郡、ウェストバージニア州北部の6郡
支店	シンシナティ（オハイオ州）、ピッツバーグ（ペンシルベニア州）
第5地区　リッチモンド連邦準備銀行	
本店所在地	バージニア州　リッチモンド
担当区域	メリーランド州、バージニア州、ノースカロライナ州、サウスカロライナ州、ウェストバージニア州の49郡、ワシントンD.C.
支店	ボルチモア（メリーランド州）、シャーロット（ノースカロライナ州）
第6地区　アトランタ連邦準備銀行	
本店所在地	ジョージア州　アトランタ

担当区域	アラバマ州、フロリダ州、ジョージア州、テネシー州東部3分の2地域の74郡、ルイジアナ州南部の38郡、ミシシッピ州南部の43郡
支店	バーミンガム（アラバマ州）、ジャクソンビル（フロリダ州）、マイアミ（フロリダ州）、ナッシュビル（テネシー州）、ニューオーリンズ（ルイジアナ州）

第7地区　シカゴ連邦準備銀行

本店所在地	イリノイ州　シカゴ
担当区域	アイオワ州、インディアナ州北部の68郡、イリノイ州北部の58郡、ミシガン州南部の68郡、ウィスコンシン州南部の46郡
支店	デトロイト（ミシガン州）

第8地区　セントルイス連邦準備銀行

本店所在地	ミズーリ州　セントルイス
担当区域	アーカンソー州、イリノイ州南部の44郡、インディアナ州南部の24郡、ケンタッキー州西部の64郡、ミシシッピ州北部の39郡、ミズーリ州中部と東部の71郡、セントルイス市、テネシー州西部の21郡
支店	リトルロック（アーカンソー州）、ルイビル（ケンタッキー州）、メンフィス（テネシー州）

第9地区　ミネアポリス連邦準備銀行

本店所在地	ミネソタ州　ミネアポリス
担当区域	ミネソタ州、モンタナ州、ノースダコタ州、サウスダコタ州、ミシガン州北部の半島地域、ウィスコンシン州北部の26郡
支店	ヘレナ（モンタナ州）

第10地区　カンザスシティ連邦準備銀行

本店所在地	ミズーリ州　カンザスシティ
担当区域	コロラド州、カンザス州、ネブラスカ州、オクラホマ州、ワイオミング州、ミズーリ州西部の43郡、ニューメキシコ州北部の14郡
支店	デンバー（コロラド州）、オクラホマシティ（オクラホマ州）、オマハ（ネブラスカ州）

第11地区　ダラス連邦準備銀行

本店所在地	テキサス州　ダラス
担当区域	テキサス州、ルイジアナ州北部の26郡、ニューメキシコ州南部の18郡
支店	エルパソ、ヒューストン、サンアントニオ（すべてテキサス州）

第12地区　サンフランシスコ連邦準備銀行

本店所在地	カリフォルニア州　サンフランシスコ
担当区域	アラスカ州、アリゾナ州、カリフォルニア州、ハワイ州、アイダホ州、ネバダ州、オレゴン州、ユタ州、ワシントン州、アメリカ領グアム、サモア、北マリアナ諸島自治連邦区
支店	ロサンゼルス（カリフォルニア州）、ポートランド（オレゴン州）、ソルトレイクシティ（ユタ州）、シアトル（ワシントン州）

■ 連邦準備銀行の12の地区

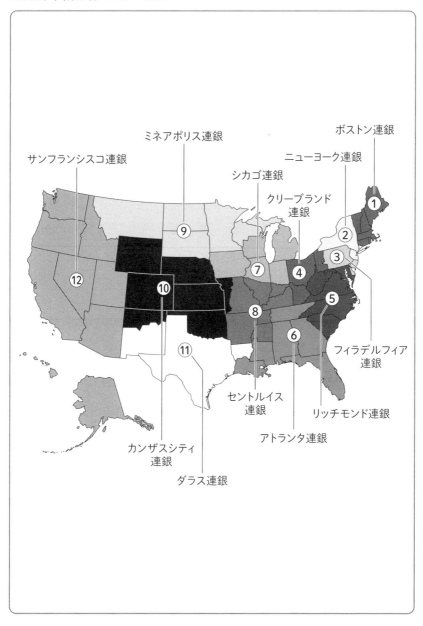

ミネアポリス連銀

ボストン連銀

サンフランシスコ連銀

ニューヨーク連銀

シカゴ連銀

クリーブランド
連銀

① ② ③ ④ ⑤ ⑥ ⑦ ⑧ ⑨ ⑩ ⑪ ⑫

フィラデルフィア
連銀

セントルイス
連銀

リッチモンド連銀

アトランタ連銀

カンザスシティ
連銀

ダラス連銀

連邦準備制度（FRS）の中核を成す「ニューヨーク連邦準備銀行」

最も重要な連邦準備銀行

地区連銀12行の中で、資産規模の大きさや業務量の多さの点から「ニューヨーク連邦準備銀行」（ニューヨーク連銀）が最大の銀行であるといえます。さらに、世界有数の金融市場であるニューヨークを担当区域に持つ地区連銀として、ニューヨーク連銀はFRBが決めた金融政策の実行部隊と考えることができます。

したがって、連邦準備制度（FRS）の中でニューヨーク連銀の果たす役割はとても重要です。他の連銀にない、ニューヨーク連銀独自の責務は、公開市場操作の実施、外国為替市場への介入、外国の中央銀行や政府、国際機関のための金の保管などです。

したがって、金融政策の実施はニューヨーク連銀の最大の重要任務となります。

直接取引できるプライマリーディーラーとは

また、ニューヨーク連銀には「プライマリーディーラー」の制度があります。

プライマリーディーラーとは、公開市場操作を含むニューヨーク連銀との取引で、相手方となって直接取引ができるニューヨーク連銀公認のディーラー（証券会社や銀行）のことをいいます。

FRBの利上げや利下げが決まれば、FFレート（23ページ）が誘導目標の範囲に収まるようにニューヨーク連銀が公開市場操作を通じて売り

オペや買いオペを実施しますが、その相手方はこのプライマリーディーラーになります。

　一般には、大手の証券会社や銀行が指定されてプライマリーディーラーの資格を得ます。これには一定の条件が必要で、マーケットメイク（1つの金融商品に対して、常時売値と買値を示すこと。市場の流動性や価格の安定が保たれる）や定期的な報告義務が課せられます。

　こうした義務がある反面、プライマリーディーラーになれば、FRBの金融政策に関する情報を直接得ることができ、早期に投資戦略を調整できるといったメリットもあります。

　また、プライマリーディーラーに認定されること自体、市場への影響力と信認性を高めます。これは金融取引上、優位な立場に立つことを意味します。

　ニューヨーク連銀が、FOMC（連邦公開市場委員会、38ページ）で決められた金融政策を実行に移す具体的な例を以下に示します。

1．政策金利の誘導

　金融政策の実行手段の1つが政策金利の誘導であり、公開市場操作によるFFレートの誘導があります。

　FOMCが金融政策を変更する際の主な手段は、政策金利であるFFレートの誘導目標の変更です。

　FFレートは、米国の金融政策が引き締め方向へ向かうのか、緩和方向へ向かうのかを見るうえで、最も注目される金利です。

　連邦準備制度に加盟している市中銀行は、その一部の預金額に基づいて一定割合を連銀に準備預金として預けることが求められます。したがって、一日の取引の終わりに不足分がある銀行は、余裕のある他行から借り入れる必要があり、その際の貸借レートがFFレートです。

　ニューヨーク連銀は、このFFレートを誘導目標水準に近づけるよう

に操作することで、FOMCで決定した利上げないしは利下げといった政策手段を実行します。

２．量的金融緩和

近年、市場は中央銀行の政策にますます敏感になってきています。経済社会の中で中央銀行の存在感が高まり、影響力を持つと同時に市場の支配力を強めているためです。そのため、市場は中央銀行の政策を先読みすることで相場動向を予測し、それに対応した市場行動や投資行動を取るようになっています。

このように中央銀行と市場との間に変化が生じたのは、2008年のグローバル金融危機以降です。この時以来、多くの中央銀行が金融緩和政策を実施するようになりました。

FRBの場合は、米国債や住宅ローン担保証券を購入し、バランスシートを拡大することによって資金供給量を増やし、金融緩和策を強化しました。

FRBの正式名称は "large-scale asset purchases"（LSAPs）で、「大規模資産購入」ですが、一般には「**量的金融緩和（量的緩和）**」（QE, Quantitative Easing）と呼ばれます。ただし、購入対象がリスク資産にも及んでいるため、「質的金融緩和」の性質も一部では指摘されます。

こうした政策は、実際にはニューヨーク連銀が公開市場操作により実施し、そのバランスシート＊を拡大することになります。

当時、米国内の住宅ローン市場では、住宅バブルを背景に信用力の低い個人に対して過剰な住宅ローンが実行されていました。ところが、住宅バブルの崩壊からローンが回収できなくなる例が急増、延滞率が上昇し、金融機関の破綻が起こりました。

さらに悪いことに、こうした金融機関はローン債権を証券化していた

ため、米国の住宅バブル崩壊は金融不安となって世界中に広まったのです。その結果、世界的な規模で、金融システム不安や株式市場の低迷につながり、経済活動の大幅な縮小が起きたのです。

中央銀行は相次いで政策金利をゼロにする、いわゆる「ゼロ金利政策」を取りました。しかし、経済活動の縮小規模は大きく、さらなる金融緩和が求められる状況が続きました。政策金利はこれ以上下げられないとなると、新たな金融緩和策を打ち出さねばならず、そこから量的緩和策が取られるようになったのです。

この施策は、日米欧の中央銀行の中では唯一、日本銀行だけが実施した経験がありました。1990年代に入ってバブル崩壊後のデフレ不況が長く続いていた日本経済に対処するため、日銀は1999年から2000年にかけて、ゼロ金利政策を取ったのです。

翌年からは、政策金利の替わりに日本銀行当座預金残高が金融市場調節の主な目標となりました。これが量的緩和策の始まりでした。

この日銀の量的緩和策は2013年に日銀当座預金残高ではなくマネタリーベース（日銀当座預金＋紙幣・貨幣などの流通現金）が操作目標となって復活するのですが、欧米の中央銀行は日銀と同じ形の量的緩和策を実施したわけではありません。

FRBの場合、金融市場調節の目標は、財務省証券（米国債）、住宅や農業関連の政府援助法人が発行する債券、住宅ローン担保証券の購入額です。欧州中央銀行（ECB）の場合も、資本拠出国の国債、政府機関債、欧州機関債、債権担保付社債などの購入額を決めています。

日銀の量的緩和策の結果、2022年6月末時点で日銀が保有する日本国債の残高割合は、全体の49.6％と概ね半数に及んでいます。これは、イールドカーブ・コントロール（YCC）を実施している中、長期国債の

買い入れ額が膨らみ、拡大傾向にあります。

　またFRBの量的緩和策の結果、2021年末時点での地区連銀合計の米国債・政府系企業債券の保有額は約8兆5000億ドルで、金融危機が起こった年、2008年末の5800億ドルから約15倍近くに膨らんでいます。

　FRBの場合、米国債残高の全体に占める保有割合は約20％で、日本のように高くはないのですが、2008年の金融危機や2020年の世界的な感染症拡大による景気の低迷に対応するため、急速にバランスシートを拡大させてきました。

　ECBも欧州債務危機や感染症拡大、さらにウクライナ戦争によるエネルギー危機の経済への悪影響に対して、ローンや債券購入プログラムで対応した結果、バランスシートを拡大する政策を続けてきました。

　こうした中央銀行の量的拡大政策は、株式市場や債券市場への資金の流入を招き、中央銀行の政策によって形成された株価の上昇や長期金利の低下を招く要因となってきました。

　しかし、2020年の感染症拡大による供給制約から物価上昇傾向が強まると、こうした中央銀行主導の相場形成は逆に回転することになります。米欧の政策金利引き上げや量的緩和策の縮小から量的引き締め策が注目され、中央銀行の動き次第で株価下落や長期金利の上昇を招く状況が強まっていったのです。

＊バランスシートの拡大
バランスシートとは「貸借対照表」のこと。中央銀行のバランスシートというときは、その中央銀行が管理する通貨の量を示す。金融緩和では、中央銀行が国債等を購入して市中にお金が出回る。買い入れた国債の分の資産が増え、その購入金額分の負債も増えてバランスする。貸出を増やすことでも資産の部が増え、貸し出した分のお金が市中に出回る。

3．貸出政策

　FRBの貸出政策として、「ディスカウント・ウィンドウ」（Discount

Window）と呼ばれるものがあります。連銀貸出、貸出窓口などと呼ばれますが、日本語の定訳はありません。

これは、預金取扱い金融機関に対するFRBの貸付制度です。担保付きで90日までの借り入れに対応しています。迅速な資金供給を可能にすることで、信用不安の発生や拡大を防ぐ意味があります。

4．為替市場介入

米国の為替市場介入は、財務省とFRBが協議のうえ決定します。そして、実際の実務を行うのはニューヨーク連銀です。

為替市場介入は、為替相場の安定化や外貨市場の流動性の確保など、米国経済にとって有益な為替レートの維持や、国際通貨システム全体の安定に貢献するために行います。

為替市場での急激な相場変動は、米国の輸出入や金融市場に大きな影響を与えます。それを緩和するために介入を行うことがあります。

またFRBは、為替介入を通じて、自国通貨の価値を下げることで、輸出企業の競争力を高め、失業率の低下や経済成長の促進など、米国経済全体の改善を目指すこともあります。

ただし、為替介入は市場の自由な動きを妨げることにもなるため、慎重に判断されることが重要です。1971年のブレトン・ウッズ体制崩壊後、FRBと米財務省は過度な為替レートの変動を緩和し、為替レートが経済のファンダメンタルズを反映していないという主張のもとに、為替市場への介入を行いました。

また、FRBが決定した通貨スワップライン（122ページ）の実行も、ニューヨーク連銀が行います。2013年10月31日にFRBは、カナダ銀行、イングランド銀行、日本銀行、欧州中央銀行、スイス国立銀行と常設の通貨スワップラインを設けました。

FOMC（連邦公開市場委員会）は FRBの金融政策を決める会合

会合は年に8回開かれる

FOMCとは「Federal Open Market Committee」（連邦公開市場委員会）の略称であり、FRBが金融政策を決定するために年8回開催する会合のことを指します。

このスケジュールはあらかじめ公表され、誰でもFRBの公式ウェブサイトで確認することができます。FOMCは、FRBの最高意思決定機関であり、金融政策に関する意思決定を行うために開催されます。

FOMCの会合は、一般的に2日間にわたって行われます。初日は経済分析と金融政策の議論が行われ、翌日に金融政策の決定が発表されます。

FOMCの決定は、FRBの政策金利や量的緩和政策など、金融政策に大きな影響を与えることになるため、市場参加者にとってはとても重要な情報です。

FOMC声明文やメンバーの発言は、今後の金融政策の方向性を予測する材料となるため、市場の動向に大きな影響を与えるからです。

市場関係者は、この会合スケジュールに基づいて投資戦略を立てることができます。このため、市場関係者だけでなく、広く、経済アナリストや投資家、報道関係者、そして一般の人々にとっても注目される重要なイベントです。

■2024年　米欧日の金融政策会合スケジュール

	1月	2月	3月	4月	5月	6月	7月	8月	9月	10月	11月	12月
FOMC（連邦公開市場委員会）	①1月30・31日		②3月19・20日	③4月30日・5月1日		④6月11・12日	⑤7月30・31日		⑥9月17・18日		⑦11月6・7日	⑧12月17・18日
ECB（欧州中央銀行）理事会	①1月25日		②3月7日	③4月11日		④6月6日	⑤7月18日		⑥9月12日	⑦10月17日		⑧12月12日
日銀金融政策決定会合	①1月22・23日		②3月18・19日	③4月25・26日		④6月13・14日	⑤7月30・31日		⑥9月19・20日	⑦10月30・31日		⑧12月18・19日

臨時の会合も開かれる

　FOMCの会合が開催されるのは、こうした通常のスケジュールに限るわけではありません。

　緊急事態や予期せぬ経済状況に対応するために、FOMCは臨時会合を開くことがあります。

　実際に2020年3月3日、FOMCの臨時会合が開催され、政策金利を0.5％引き下げることが決定されました。

　新型コロナウイルスの世界的な感染拡大による経済への影響に対応するためでした。

　日銀やECB（欧州中央銀行）の金融政策を決定する会合も、FOMCとほぼ同じ年間スケジュールで予定が組まれます（39ページ図）。

　これは、市場参加者をはじめ、広く一般に政策の透明性を高め、予測可能性を向上させる目的があるものと考えられます。また各国経済が密接に結びついている現代のグローバルな金融市場において、各国の政策当局が連携し、政策調整を円滑にして政策効果を高める狙いがあるものと想定されます。

FOMCメンバーは合計12名

FRB理事7名＋地区連銀総裁5名の計12名

FOMCはFRBの理事7名と連邦準備銀行（地区連銀）の総裁5名の合計12名から構成され、FOMCメンバーとなります。

議論には上記の12名に加えて、メンバーである5人の総裁以外の全米各地区の取締役会で選ばれた連邦準備銀行7行の総裁が参加し、合計19名になります。

ただし、実際に金融政策を決める際に投票権があるのは、FOMCメンバーであるFRB理事7名と地区連銀の総裁5名の計12名です。

■FOMC（連邦準備制度理事会）の参加者（計19名）

```
┌─────────────────────────────────────────────────────────┐
│  ┌──────────────────────────┐                             │
│  │    FOMCメンバー            │                             │
│  │                                                         │
│   FRB理事…7名          ┐                                    │
│                        ├ 合計12名  … 金融政策の投票        │
│   地区連邦準備銀行総裁5名 ┘              権がある            │
│   （ニューヨーク連銀総裁は常任）                             │
│  └──────────────────────────┘                             │
│                  ＋                                         │
│   連邦準備銀行7行の総裁7名 ………………… 議論に参加          │
└─────────────────────────────────────────────────────────┘
```

● 委員長…FRB議長

● 副委員長…ニューヨーク連銀総裁

FOMC委員長はFRB議長が務め、副委員長は地区連銀総裁の5名のうちFOMC常任メンバーであるニューヨーク連銀の総裁です。

　ニューヨーク連銀以外の投票権を持つ地区連銀総裁4名の選任方法は、常任のニューヨーク連銀を除く11行を4つのグループに分け、輪番制で1年ごとに選ばれます。

　FOMCメンバーではない残り7行の総裁は、経済および政策オプションの評価を行うことで議論に参加します。

　FRB理事7名については、FRBのメンバーがそのままFOMCの参加メンバーとなります。

　FOMCは、FRBの金融政策を決定するための重要な意思決定機関であり、政策の方向性を示す声明を発表することで市場に大きな影響を与えます。

政策決定は多数決なので
FOMC参加者の動向が重要

参加メンバーが「タカ派」か「ハト派」かが重要

　FOMCの政策を読み解くうえで、「タカ派・ハト派」が重要なキーワードになります。FOMC参加メンバーの金融政策に対する基本的なスタンスとして、誰がタカ派で誰がハト派なのかを知っておくことが重要になるのです。

　タカ派とハト派とは元々政治用語で、ざっくりいうと武力行使について積極的で強硬な考えの人々をタカ派、逆に武力行使に慎重で、より穏健な考えの人々をハト派といいます。

　金融用語として使われる場合は、タカ派は「金利を上げ、物価上昇を抑えて景気過熱を防ぐことを重視」し、ハト派は「金利を下げ、物価上昇は容認しながら景気刺激を重視」する、といった違いがあります。

　タカ派・ハト派の違いは、FRB執行部として議長が提出する議案に賛成・反対の投票をすることができる12名について知ることはもちろんですが、残りの投票権のない地区連銀総裁7名の参加者についても知っておく必要があります。

ドットチャートと参加者の考え方で様々な予想ができる

　その理由は、年4回出される「FOMC経済見通し」（SEP）を読む際に役立つからです。

　「FOMC経済見通し」については第2章で詳しく解説しますが、その

中では「実質経済成長率」「失業率」「物価上昇率」「政策金利」について、FOMCに参加する19名がそれぞれ回答した予想値が公表されます。

　予想の対象となるのは、今後3年間の各年末の数値と、それを超える長期の数値です。

　とくに重要なのが、「ドットチャート」という形で市場関係者やメディアに毎回注目される「政策金利」の予想です（69ページ）。これはフェデラル・ファンド・レート（FFレート）と呼ばれる短期金利で、通常「FRBの利上げ・利下げ」としてメディアで報道される金利です。

　ドットチャートは、どの金利水準を19人のうち何人が予想しているのかを点で示したチャートで、3年後までの毎年年末の予想がどう変わっていくか読み取れるようになっています。

　これに、誰がハト派で誰がタカ派かを考え、参加者を個別に当てはめると、目先の政策変更についてFOMC内の話し合いが一致しているのか、そうでないのか、そうでない場合はいくつに割れているのか、などが見えてきます。それをもとに今後の政策変更を予測するのです。

第 2 章

3年先までの政策がわかる

「FOMC経済見通し」

(SEP)の読み方

「FOMC経済見通し」(SEP)とは何か

年に4回公表される「FOMC経済見通し」(SEP)

FRB（連邦準備制度理事会）の政策を事前に予測するためには、「**FOMC経済見通し**」と呼ばれる資料を読むことが重要です。これは、FOMCが開催される時期に報道され、市場関係者の間で話題になる経済予測データです。

「FOMC経済見通し」は正式には「Summary of Economic Projections（SEP）」（経済予測の要約）として、FRBが公表しています。

FOMC直後に行われる議長の記者会見と同時に公開され、年4回（3月、6月、9月、12月）、FOMC会合に合わせて、参加者（FRB理事7人と連邦準備銀行の総裁12人）による個々の経済予測をまとめたものです。

したがって、年に8回開かれるFOMCのうち、半分はSEPの発表があり、残りの半分はないことになります。

SEP（経済見通し）は、2007年10月のFOMCから公表されるようになりました。そして、2020年9月までは、説明文付きでFOMCの3週間後に公開される「議事録」に添付される形で公表されていました。同年12月に、議長記者会見と同時に公表されるようになると、説明文の部分は廃止され、図表のみの公表になりました。

FRBに課せられているデュアル・マンデートとは

SEPを読む際に知っておきたいのは、FRBには法的に「**デュアル・**

マンデート」（dual mandate）として知られる2つの政策目標、すなわち「物価の安定」と「雇用の最大化」が課されているということです。

これは、1913年に制定され1977年に改定された「連邦準備法」（Federal Reserve Act）に定められています。この場合の「物価の安定」とは、個人消費支出（PCE、52ページ）のデータで年率2％のインフレ率であることがFRBにより公表されています。

したがって、この物価と労働市場に関するデータは、FRBの政策を見るうえで非常に重要になります。

なお、この法的に制定されたデュアル・マンデートはFRBの特徴であり、日本銀行やECB（欧州中央銀行）には法的に定められたマンデートはなく、物価目標のみが公表された政策目標です。

注意したいのは、この物価と雇用には、短期的に負の相関関係があることです。

すなわち、物価が下落すれば失業率は上昇する、失業率が低下すれば物価が上昇する、といったトレードオフ（両立できない）の関係です。

これは経済学上、過去100年間のイギリスのデータから提唱されたフィリップス曲線（下図）として知られているものです。FRBの金融政

■フィリップス曲線

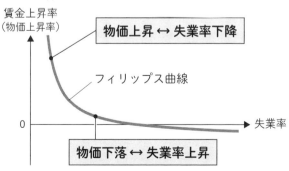

Table 1. Economic projections of Federal Reserve Board
under their individual assumptions of projected a

Percent

(変数)	Variable	Median[1]				Central	
		2023	2024	2025	Longer run	2023	2024
(実質GDP成長率)	Change in real GDP	0.4	1.2	1.9	1.8	0.0–0.8	1.0–1.5
	December projection	0.5	1.6	1.8	1.8	0.4–1.0	1.3–2.0
(失業率)	Unemployment rate	4.5	4.6	4.6	4.0	4.0–4.7	4.3–4.9
	December projection	4.6	4.6	4.5	4.0	4.4–4.7	4.3–4.8
(PCEインフレ率)	PCE inflation	3.3	2.5	2.1	2.0	3.0–3.8	2.2–2.8
	December projection	3.1	2.5	2.1	2.0	2.9–3.5	2.3–2.7
(コアPCEインフレ率)	Core PCE inflation[4]	3.6	2.6	2.1		3.5–3.9	2.3–2.8
	December projection	3.5	2.5	2.1		3.2–3.7	2.3–2.7
	Memo: Projected appropriate policy path						
(FFレート)	Federal funds rate	5.1	4.3	3.1	2.5	5.1–5.6	3.9–5.1
	December projection	5.1	4.1	3.1	2.5	5.1–5.4	3.9–4.9

策は、様々な選択肢の中から、この2つ(物価と失業率)の間のバラン
スを取ることが重要になります。

SEPは重要な一次情報

　SEPの内容を見ると、FRB理事や地区連銀総裁といったFOMC参加
者が答えた、FFレート、実質GDP成長率、PCEインフレ率、失業率な
どの予測値が示されています。したがって、FRBの政策を予測するう
えで重要な一次情報が、ここに示されているといえます。

　2023年3月22日に公表されたSEPは全17ページのPDFで、上図は、
そのすべての図の中で最初に記載されているものです。

　表題は「連邦準備制度理事会メンバーおよび連邦準備銀行総裁による、
各自想定した適切な金融政策を前提とする経済予測」(Economic pro-
jections of Federal Reserve Board members and Federal Reserve
Bank presidents, under their individual assumptions of projected ap-

る、各自想定した適切な金融政策を前提とする経済予測

embers and Federal Reserve Bank presidents,
ropriate monetary policy, March 2023

dency[2]		Range[3]			
2025	Longer run	2023	2024	2025	Longer run
1.7–2.1	1.7–2.0	-0.2–1.3	0.3–2.0	1.5–2.2	1.6–2.5
1.6–2.0	1.7–2.0	-0.5–1.0	0.5–2.4	1.4–2.3	1.6–2.5
4.3–4.8	3.8–4.3	3.9–4.8	4.0–5.2	3.8–4.9	3.5–4.7
4.0–4.7	3.8–4.3	4.0–5.3	4.0–5.0	3.8–4.8	3.5–4.8
2.0–2.2	2.0	2.8–4.1	2.0–3.5	2.0–3.0	2.0
2.0–2.2	2.0	2.6–4.1	2.2–3.5	2.0–3.0	2.0
2.0–2.2		3.5–4.1	2.1–3.1	2.0–3.0	
2.0–2.2		3.0–3.8	2.2–3.0	2.0–3.0	
2.9–3.9	2.4–2.6	4.9–5.9	3.4–5.6	2.4–5.6	2.3–3.6
2.6–3.9	2.3–2.5	4.9–5.6	3.1–5.6	2.4–5.6	2.3–3.3

propriate monetary policy）となっています。

ここに書かれた「適切な金融政策」とは何かについては、SEPの最初のページ（表紙）に説明があり、以下のように定義付けられています。

「各参加者が、雇用最大化と物価安定を促進する法定の使命を、最も適切に満たすと考える経済活動とインフレに対する政策の将来の経路」

すなわち、「物価の安定」と「最大限の雇用」というデュアル・マンデートを達成するために必要な金融政策ということになります。

予測項目は5つある

この表では、「変数」（Variable）の欄に5つの項目があります。

上から順に、

「実質GDP成長率」（Change in real GDP）、

「失業率」（Unemployment rate）、

「PCE インフレ率」（PCE inflation）、

「コア PCE インフレ率」（Core PCE inflation）、

「FF レート」（Federal funds rate）です。

　一番下の「FF レート」に関しては、"memo"すなわち、参考データとして記載されています。この項目で、デュアル・マンデートを達成するために必要な「適切な金融政策」とは具体的に何か、の答えが将来のFF レートの水準として示されています。

　各項目は上下2段になっています。

　上段が今回の予測数値で、下の段には「12月の予測」（December projection）が記載されています。これは、3か月前（2022年12月）に公表された前回のSEPのデータを記載して、比較しやすくしているのです。

　また、各項目（変数）のデータが3種類あります。

　「中央値」（Median）、「中央傾向」（Central Tendency）、「範囲」（Range）の各々についてパーセント単位で2023年から2025年までの3年間と、それ以上の長期予測として記載されています。

　"Median"は、「予測の中央値」として公表直後にメディアに取り上げられることが多いデータです（中央傾向、範囲は56ページ参照）。

　以上のように、短時間で予測値の概要を掴むだけであれば、この表から、ほぼすべての情報を得ることができます。

FRBが持つ「インフレ感」を知っておく

予測は、すでに織り込まれている

　FRBの金融政策手段のうち、FOMCが直接関与するのは、FFレートの誘導目標決定や量的緩和策などの公開市場操作に関するものと、フォワードガイダンスです。

　金融・資本市場がFOMCで注目するのもこれらの項目で、会合終了直後に声明文として公表されます。

　市場は、FRBがこうした政策をどう変更するのか、あるいは現状維持でいくのかをあらかじめ予測して、FOMCの結果が公表されるまでに相場に織り込んでいます。

　仮に、その相場に織り込み済みの政策が、実際に発表された政策と異なる場合は、修正するためあらためて織り込みにいきます。この織り込み済み予測と実際の結果の違いが大きければ大きいほど、それだけ相場が大きく動く要因になります。

　そして、あらためて織り込みにいくのは、現状の修正と、さらにFRBの次の一手を探りながら、ということになります。もちろん、相場はFRBの政策だけで動くわけではありません。それでも、中央銀行であるFRBの政策は、非常に大きな相場材料です。

物価については個人消費支出（PCE）を重視

　金融政策を予測するうえで重要なのは、物価と雇用という法的に定め

られた2つの政策目標であることは、すでに述べました。物価に関しては、SEP（経済見通し）で関連図表を参照することができます。

　物価上昇率についてFRBが注目しているのは、GDPの約68％を占める個人消費のデータである「**個人消費支出**」（**PCE**, Personal Consumption Expenditures）価格指数です。

　これとは別に、**CPI**（Consumer Price Index）と呼ばれる「**消費者物価指数**」があり、こちらも市場関係者に注目される指標です。

　SEPではPCEをインフレ予測に用いるため、FRBの政策と関連付ける場合はPCEのほうをより重視すべきです。ただし、CPIのほうが同じ対象月のデータでも早く発表があるため、市場の注目を集めます。つまり、市場動向を見るうえではCPIも重要な指標であることに変わりはありません。

PCEとCPIとの主な違い

　PCEは家計を対象にした調査で米商務省が発表し、CPIは企業を対象にした調査で米労働省が発表します。FRBが重視するPCE（個人消費支出）が、CPI（消費者物価指数）と違う点は、主に以下の2つです。

① CPIより広範な個人消費支出をカバーしている。
② 購入数量の変化に、より頻繁に対応して対象となる品目のウェイトが変わる

　①については、2つの意味で広くカバーしているといえます。

　PCEは都市部・農村部を含むすべての居住者が対象ですが、CPIは都市部の家計調査に基づいて作成されます。またPCEは雇用者や政府による間接的な購入も含みますが、CPIは直接消費者が支出した項目のみ

■個人消費支出（PCE）と消費者物価指数（CPI）の主な違い

● 個人消費支出

PCE（Personal Consumption Expenditures）

・米国の家計を対象に財やサービスの消費を集計
・米国商務省が毎月下旬に公表

● 消費者物価指数

CPI（Consumer Price Index）

・衣料、食料品など約200項目の価格変化を調査
・米国労働省が毎月15日ごろ公表

です。

　例えば、PCEは雇用主が提供する医療保険の給付や政府が提供するメディケアなどの医療サービスを含みます。

　②の「品目のウェイトが変わる」というのは、データの算出方法の違いということです。

　例えば、同じ食肉でも牛肉の価格が上昇して鶏肉が上昇しなければ、牛肉の購入をやめて、代わりに鶏肉の購入をする人が増えると考えられます。

　その場合、調査対象品目のウェイトも牛肉から鶏肉へ変われば、より実態を表しているといえます。そのため、こうした動きを反映しやすいPCEに比べて、CPIでは物価動向がより高く算出される傾向にあります。

　FRBの政策を予測する際には、PCEの予測データに注目しますが、

今後の予測数値を読む前に、公表されている直近のデータを頭に入れておく必要もあります。

　その理由は、各予測値について前提となる「適切な金融政策」に大きな不確実性があるためです。不確実性があるのは、「適切な金融政策」自体が、その都度変化する実際の経済活動やインフレの進展によって変わるためです。

　したがって、各自の予測データを公表するFOMC参加者が、過去のデータをどの程度織り込んで回答しているかが重要になります。仮に、経済状況が予期せぬ出来事で進展した場合、それだけ予測値は上振れリスクや下振れリスクが大きくなるといえます。

PCEとコアPCE（Core PCE）の違い

　SEPの図で示されるデータ（48ページ）には、「PCE」と「コアPCE（Core PCE）」の2種類があります。

　コアPCEとは、個人消費の総合物価指数となるPCEから、食品とエネルギーの2つを除いた指数のことです。この2つを除く理由は、他の品目に比べて価格の変動幅が大きく、変動回数も多いためです。この2

■PCEとコアPCEの違いは

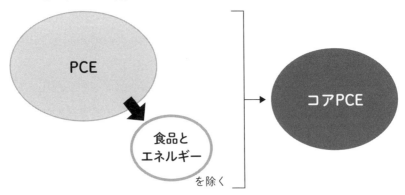

つの品目を除いた結果、コアPCEは短期的な価格変動や季節要因などの影響を受けず、経済全体の長期的な傾向を表します。

またSEPの表ではインフレ率を「PCEインフレーション」としてパーセント単位で示しています。作成する米国商務省経済分析局（BEA）では、これを「**PCEデフレーター**」として表記しています。一般に報道される場合は、「PCEデフレーター」と表記されることが多いのですが、SEPの「PCEインフレーション」と同じ意味です。

これは、名目PCE（実際の数値）を実質PCE（物価変動部分を考慮したもの）で除して算出します。

名目PCE ÷ 実質PCE ＝ PCEデフレーター

実質PCEは一定の基準期間の価格を考慮した計算式のため、PCEデフレーターはCPIより広範囲の消費パターンで長期間のインフレ傾向をとらえているといえます。

FOMC参加者の
インフレ感をつかむ

PCEインフレーションの予想を読む

　次ページ図は、FOMC経済見通し（SEP）に「図1　経済予測の中央値、中央傾向、および範囲」として示された経済指標の中で、PCEについてのもの（PCE、コアPCE）です。

　データは、年間の物価上昇率を表します。当該年の第4四半期を基準に、前年の第4四半期からの1年間に、どれだけ指数が変化したかをパーセンテージで表したものです。

　以下、「コアPCE」に注目して、FOMC参加者が現時点で持っているインフレ感を把握することが、なぜ重要なのかを説明していきます。

　この図の下図を見ればわかるように、2020年から2021年にかけてコアPCEインフレ率は上昇し、2021年から2022年にかけては横ばいで推移しています。

　2023年、2024年、2025年は予測値です。中央付近の横ラインが「予測の中央値」、アミかけの枠は「予測の中央傾向」（最高値から3つ、最低値から3つを除いたもの）、上下のT字は「予測の幅」を示しています。

　「FOMC参加者による回答の中央値で見ると、毎年切り下がっています。すなわち、今後徐々に景気後退が進むと見込んでいるわけですが、景気が現状とそれほど変わらないか、逆に景気回復方向に動く可能性もあり、その場合は予測値よりも上振れすることになります。

　もちろん、予想以上に景気悪化が進む可能性もゼロではありません。

■PCEインフレ率とコアPCEインフレ率の予測値

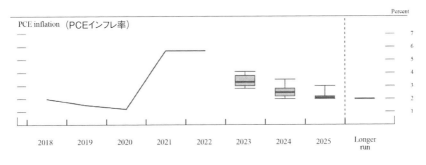

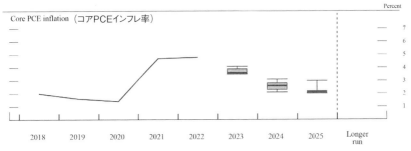

　その場合は下振れです。しかし、予測が上か下かといえば、昨年から横ばいで推移した2022年までの実績値からは、上に行く（予測値ほどインフレが収まらない）可能性のほうが高いと考えられるはずです。

　つまり、予測の中央値から上方に参加者の思惑が厚くなっているということです。これが、仮に2021年から2022年にかけてインフレ率が急低下していれば、それほど上方に厚くなるとはいえないでしょう。

　インフレ感が異なれば、当然、策定する金融政策も異なってくると考えられます。このように、同じ予測値でも、過去の動きから現時点のFOMC参加者の思惑がどこにあるのかを知っておくことは重要です。

　実際に、こうしたFOMC参加者のインフレに対する予測バイアスをSEPの図から確認することができます。

PCEインフレーションの誤差を読み解く

　次ページの図は、PCEインフレ率の予想範囲として予測の中央値とともに、「予測結果がこの範囲内に入る可能性が70％である」として示される、70％信頼区間（confidence interval）の影の部分が示されたものです。

　そして、実際のFOMC参加者の予測バイアスは、同じ図の下部に「FOMC参加者による、各自の経済予測を取り巻く不確実性とリスクの評価」として示されています。

　上の2つがPCEインフレ率、下の2つがコアPCEインフレ率です。

　表の見方は、上段左の「PCEインフレに対する不確実性」（Uncertainty about PCE inflation）に関しては、点線で前回2022年12月時点での回答が示されています。

　前回は、回答者19名の全員が「高まっている」（Higher）と答えています（右数字が人数）。実線部分が今回の回答ですが、回答者の総数18名（注：前回から理事が辞任して回答者1人減）のうち、17名が「高まっている」と答え、1名が「概ね同じ」（Broadly similar）と答えています。

　点線で示された2022年12月時点の予測（December projections）に比べると、全員が「高まっている」と答えたのではなく、1名だけは「概ね同じ」と答えて、その他全員が「高まっている」と答えています。

　したがって、全体として12月時点よりは弱まっているものの、PCE、コアPCEのどちらで見ても不確実性（uncertainty）は高く、インフレリスクは上振れ（Weighted to upside）と見ていることがわかります。

　これは前ページ図の説明で述べたように、過去の経緯から想定される「予測の中央値から上方に参加者の思惑が厚くなっている」ことと一致します。

■ PCEインフレ率予測値の不確実性とリスク

Figure 4.C. Uncertainty and risks in projections of PCE inflation

Median projection and confidence interval based on historical forecast errors

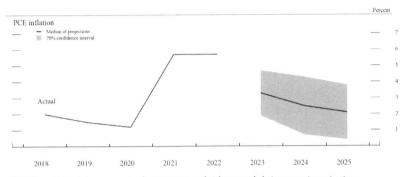

FOMC participants' assessments of uncertainty and risks around their economic projections

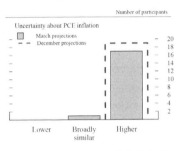

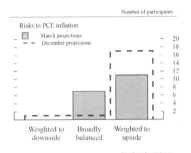

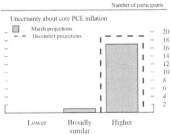

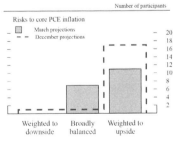

59

参加者のインフレ率予想を
金利予測に加える

FFレートはコアPCEインフレ率と関連付けて見る

FOMC参加者が持っているPCEインフレ率の予測バイアスがわかったら、政策金利の予測も、こうしたバイアスを加味して見ます。

政策金利であるFFレートの予測も、PCEインフレ率と同様にSEPに示されています（次ページ図）。

PCEインフレ率で見た図と同様に、予測の中央値と「予測結果がこの範囲内に入る可能性が70％である」として示される、70％信頼区間が示されています。

ただし、FFレートの場合はPCEインフレ率と異なり、"Actual"と書かれている過去の実績を見る必要はありません。今後の予測に影響しないからです。

むしろ過去の数値を確認するのであれば、SEPに記載されている「変数」である、「実質GDP成長率」、「失業率」、「コアPCEインフレ率」に焦点を当てるべきです。

この中で、最も影響が端的に表れるのが「コアPCEインフレ率」です。FFレートの予測の中央値は、先に見た「コアPCEインフレ率」の予測の中央値に関連付けて見るべきです。

なぜなら、すでに述べたように、「物価の安定」と「雇用の最大化」という「デュアル・マンデートを達成するために必要な金融政策」を前

■FFレート予測の不確実性とリスク

Figure 5. Uncertainty and risks in projections of the federal funds rate

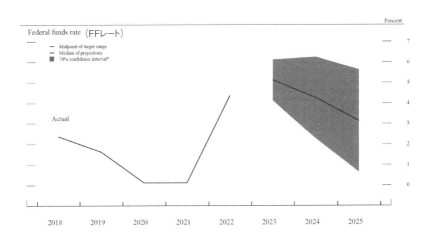

提にPCEインフレ率の予測が作成されており、「デュアル・マンデート
を達成するために必要な金融政策」が予測されたFFレートとなってい
るはずだからです。

　そのうえで、コアPCEインフレ率については、「予測の中央値から上
方に参加者の思惑が厚くなっている」ので、FFレートについても中央
値をそのまま見るのではなく、「70%信頼区間で中央値よりも上方に振
れる可能性が高い」と見るべきです。

　PCEと異なり、FFレートには「FOMC参加者自身による不確実性と
リスクの評価」はないので、このような見方が重要です。

金利の根っこはFOMCが決める

　米国の政策金利は、FFレートです（第1章参照）。

　FFレートの変動が、商業銀行の住宅ローン金利や預金金利に影響を

与え、債券市場では債券の取引価格、すなわち利回りを決める重要な要因の1つです。

このように、FFレートは米国内の金融市場で各種の金利水準決定に大きな影響を与えます。さらに米国内にとどまらず世界中の中央銀行や資金取引に影響を与えることになるため（第4章参照）、米国内・国外を問わずに多くの関係者から注目される金利になっています。

このため、FFレートを決定付けるFOMC会合と、その結果が、開催前から注目され多くのメディアを賑わすことになるのです。

「実質GDP予想」から景況感を知り 金利予測に加える

タカ派・ハト派とともに力関係を見る

　第1章で述べたように、FOMCの政策を読み解くには、FOMC参加者の誰がタカ派で、誰がハト派なのかを、わかっておくことが重要です（43ページ）。

　あらためて説明すると、金融用語として使われる場合、タカ派は金利を上げて物価上昇を抑え景気過熱を防ぐことを重視します。ざっくりいうと、金融引き締め（利上げ）派です。

　一方でハト派は、金利を下げて物価を上げると同時に景気刺激を重視します。こちらも大雑把には、金融緩和（利下げ）派です。タカ派かハト派かは、金融政策を決めるFOMC会合の議論のゆくえに影響します。

　また、個別のタカ派・ハト派といった分類とは別に、参加者全体としてどちらが優勢かを見ておくことも重要です。「実質GDP成長率」の予測は、その手掛かりとなります。

　これはPCEインフレ率と同様に、SEPに記載された図で見ることができます。次ページ図は、PCEインフレ率の説明で示したSEPの「図1 経済予測の中央値、中央傾向、および範囲」の中の実質GDP成長率（Change in real GDP）の部分です。

　2021年から2022年にかけて景気は大きく減速したものの、概ね向こう3年間で徐々に回復するシナリオを持っていることがわかります。

　ただ、これだけを見ると、成長率の落ち込みが緩やかになる、といったものではなく、底を打って徐々に景気回復ペースは持ち直すことにな

■ 実質GDP成長率の予測値

Figure 1. Medians, central tendencies, and ranges of economic projections, 2023–25 and over the longer run

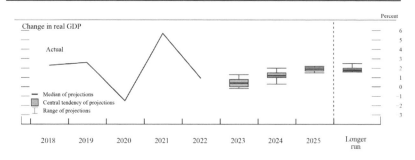

っています。

2021〜2022年にかけて大幅な景気減速があった割には、楽観的な感じにも見えます。もちろん、「適切な金融政策」が実行される前提の予測なので、政策担当者のバイアスがかかった見方ともいえます。

予測バイアスを加味して考える

PCEと同様に、統計的に示される実質GDP成長率の予想範囲として70％信頼区間（confidence interval）の影の部分を想定した図も示されています（次ページ）。この図についてもPCEと同様に、実際のFOMC参加者の予測バイアスは、下の図、「FOMC参加者による、各自の経済予測を取り巻く不確実性とリスクの評価」で示されています。

点線で示された2022年12月時点の予測（December projections）と比べて一見大きな違いはないようですが、不確実性（Uncertainty about GDP growth）は参加者全員が「高くなっている」（Higher）としており、実際のGDP成長率のリスク（Risks to GDP growth）は下振れ（Weighted to downside）を見ていることがわかります。

2023年以降のGDP予測値（上図）を、信頼性のあるデータと見なすためには、不確実性は「低くなっている」（Lower）で、リスクは「概

■ 実質GDP成長率予測の不確実性とリスク

Figure 4.A. Uncertainty and risks in projections of GDP growth

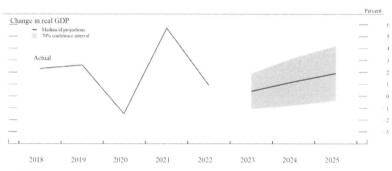

Median projection and confidence interval based on historical forecast errors

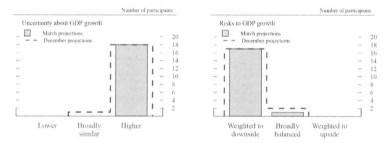

FOMC participants' assessments of uncertainty and risks around their economic projections

　ねバランスしている」（Broadly balanced）となるべきです。

　しかし、実際は不確実性が全員「高くなっている」（Higher）で、リスクは17人が「下振れ」を見込んでいるため、総体的に「見通しは不透明で景気失速のリスクが高い」と見ていることになります。

　先ほど、「2022年にかけての大幅な景気減速があった割には、楽観的に見える」と述べましたが、実際にFOMC参加者も、回答したGDP成長率の予測値とは異なり、景気を取り巻く環境はかなり厳しい、との認識であることがわかります。予測値だけ見て、FRBは景気を楽観的に見ている、とはいえないわけです。

「失業率予想」から雇用拡大による景気や金利の見方を把握する

失業率予想も参加者の考えから見る

　デュアル・マンデート（46ページ）の１つである「雇用の最大化」に関わるデータとして、SEPには失業率（Unemployment rate）の予測が示されています（下図）。

　失業率は、統計上ゼロになることはありません。デュアル・マンデートで目指す「雇用の最大化」が達成されたときの失業率は、前提とする「適切な金融政策」を実施した結果として実現し、概ね下図で右端に示されている長期的な（Longer run）予測値の４％付近であると推定されます。

　したがって、2022年の実績値３％台半ばから見れば、大きな変動はなく３年間は推移することを示した図になっています。

　次ページ図は、失業率の70％信頼区間（confidence interval）を示し

■ 失業率の予測値

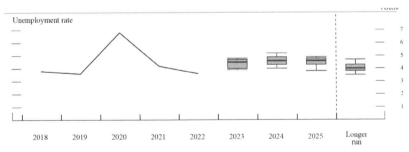

■失業率予測の不確実性とリスク

Figure 4.B. Uncertainty and risks in projections of the unemployment rate

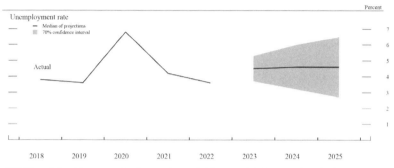

Median projection and confidence interval based on historical forecast errors

FOMC participants' assessments of uncertainty and risks around their economic projections

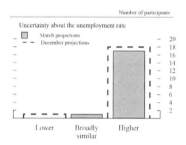

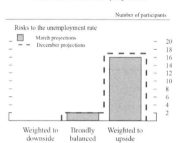

ています。

　失業率についても、FOMC参加者の予測バイアスはこの下の図、「FOMC参加者による、各自の経済予測を取り巻く不確実性とリスクの評価」で示されます。

　実質GDP成長率と同様に、点線で示されたのが2022年12月時点の予測（December projections）で、実線が2023年3月の予測です。12月と比べてそれほど大きな違いはありません。

2022年12月時点では、不確実性（Uncertainty about the unemployment rate）は1人を除く他の参加者全員が「高くなっている」（Higher）、実際の失業率の「振れ」のリスク（Risks to the unemployment rate）は上振れ（Weighted to upside）と見ていることがわかります。

　これは、66ページの図では表されていませんが、FOMC参加者の本音は失業率上昇のリスクを大きく見込んでいるといえることになります。

FFレートの予測から
利上げ幅を読む

ドットチャートは点でFFレートの予測値を示す

FOMC経済見通し（SEP）の経済予測の前提は、「適切な金融政策」です。それは、「物価の安定」と「雇用の最大化」というデュアル・マンデートを達成するために必要な金融政策を指します。

予想の対象となる期間は、3年以内の各年末とそれを超える長期です。とくに重要なのが、「ドットチャート」として市場関係者やメディアに毎回注目される「政策金利」の予想です。

これはFFレートと呼ばれる短期金利で、通常「FRBの利上げ・利下げ」としてメディアで報道される金利です。

このドットチャートは、FOMC参加者19人のうち何人がどの金利水準を予想しているのかを点で示したチャートで、3年後までの毎年年末の予想がどう変わっていくか読み取れるようになっています。

これに誰がハト派で誰がタカ派かを考えた参加者を個別に当てはめると、目先の政策変更についてFOMC内の話し合いが一致しているのか、そうでないのか、そうでない場合はいくつに割れているのか、などが見えてきます。それをもとに今後の政策を予測することができます。

利上げ、利下げの幅を予測できる

例えば、ほぼ全員が1年後に1％高くなると予測している場合、0.25％ポイントずつ利上げすれば年4回の利上げになり、0.50％ずつの利上

■ FOMC参加者によるFFレート誘導目標の予測分布（2022年12月）
（回答者総数19人のうち1人が長期予測は無回答）

Figure 2. FOMC participants' assessments of appropriate monetary policy: Midpoint of target range or target level for the federal funds rate

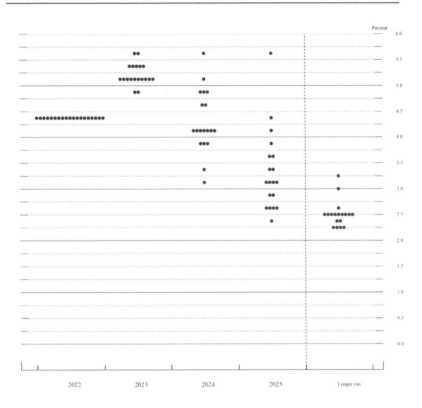

げなら年2回の利上げ回数になるのでは、といった具合です。

　さらに年間の利上げ回数が推測できれば、4回なら年初のFOMCで早速利上げするだろう、2回なら年初は見送るだろう、などの判断ができるわけです。

　また、FOMCは金融政策を決定する会合では多数決で意思決定を行います。したがって、参加メンバーが交替する際には、FOMC全体の

■FOMC参加者によるFFレート誘導目標の予測分布（2023年3月）
（回答者総数18人のうち1人が長期予測は無回答）

Figure 2. FOMC participants' assessments of appropriate monetary policy: Midpoint of target range or target level for the federal funds rate

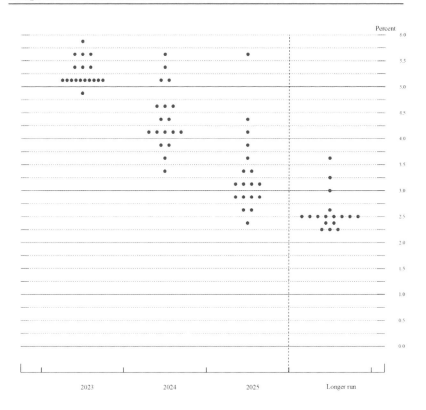

政策傾向が変わることもあり得ます。これはドットチャートの変化から明確にわかる場合もあります。

FRBの動きを読む

　上図は2022年12月と2023年3月のSEPのドットチャートを示したものです。この2つの図を比べると、ドットの分布にそれほど大きな差は

ないことがわかります。

　つまり、この３か月間でFOMC参加者のFFレートの見通しに変化はなく、ドットが集中している水準から、2023年末は5.0〜5.25％（中央値は5.1％）、長期的には2.5％が、概ね2023年３月時点でのコンセンサスになっているといえます（48ページ図のMedian〈中央値〉参照）。

　SEP全体のFFレートの予想としていえることは、繰り返しになりますが、FFレートが「適切な金融政策」を前提にしている以上、そのときの状況によって予測は変わってくることです。

　SEPの他の変数で見たようにFOMC参加者は、PCEインフレ率が上振れリスク、実質GDP成長率が下振れリスク、失業率が上振れリスクと見ているため、実際は2023年からの３年間については、各年の中央値5.1％（2023年）、4.3％（2024年）、3.1％（2025年）よりはやや高くなる可能性もあります。

　ドットチャートでドットの中央値より上に広く分散する傾向が見られるのは、こうした上振れリスクの見方が表れています。

　また、SEPにおいてFOMC参加者が、「PCEインフレ率のデータから物価上昇」「実質GDP成長率と失業率のデータから景気下振れ」を見ているということは、
① 　物価上昇⇒景気失速
② 　景気失速⇒物価上昇
③ 　物価上昇と景気失速が同時に起きる
のどれかのシナリオを描いていることになります。

　③は、スタグフレーション（不況下のインフレ）であり、起きる可能性は小さく、FOMC参加者が描くシナリオの可能性としても小さいと

いえます。

　スタグフレーションが起きるのは、コストプッシュ型インフレーション（エネルギーや原材料などのコストの急激な値上がりによる生産コストの上昇が起こすインフレ、168ページ参照）が強い形で表出するときです。過去には1970年代のオイルショック時に、石油価格の高騰が世界的なコストプッシュ型インフレを引き起こし、同時に経済成長が抑制されるといった典型的なスタグフレーションの例がありました。

　②の、景気後退が直接インフレを引き起こすことは通常考えられません。経済が縮小し、失業率が上昇するということは、個人消費支出は減少し、総需要（経済全体としての需要）は後退することになります。

　この場合、個別企業も商品価格の値上げ幅を縮小する、あるいは値上げを見送る、もしくは価格の引き下げを迫られることになります。すなわち、景気後退によって通常考えられるのは、物価上昇ではなく物価下落です。

　したがって、FOMCが描く最も可能性が高いシナリオは①の、「先に物価上昇が起きて景気が失速するパターン」です。景気拡大が物価上昇につながるのであれば好循環といえますが、物価上昇が先行するのは個人消費を抑制するので景気にはマイナスです。さらに、物価上昇を抑制するために中央銀行が金融引き締め（利上げ）の行動を取れば、ますます経済活動を抑制することになります。

　リスクが実現する順番としては、PCE（個人消費支出）インフレ率上振れ⇒FFレート上振れ⇒GDP成長率下振れ⇒失業率上振れとなります。

　もちろん、経済は複雑な多くの要因で動くので、実際にこのような単純な話ではありませんが、SEPのデータからFOMC参加者の見方として描ける1つのシナリオです。

第3章

FOMC直後に行われる
FRB議長の記者会見は必見！

FOMC直後の FRB議長記者会見とは何か

「透明性」「市場の安定化」のための会見

　質問を投げかける複数の記者の前に立つFRB議長——。

　テレビやインターネットなどのニュース映像で、よく見られるシーンです。

　これは、FOMC（連邦公開市場委員会）が終了した直後に行われる記者会見の映像です。市場参加者やメディアの市場関係者だけではなく、広くビジネスに携わる人々やその他一般の人々にとっても、金融政策や経済の見通しを読み解くために、重要な瞬間です。

　金融政策に関するFRBのニュースとなると、目で見てわかりやすいものは少ないため、この記者会見の映像が象徴のようによく使われます。

　議長が記者たちに向けて発する言葉は、金融政策の方向性を示す重要な手掛かりとなり、貴重な情報源となります。

　では、なぜこれほどまでに議長記者会見が注目されるのでしょうか。その理由はいくつかありますが、最も重要なものは「透明性」です。

　この記者会見を通じて、FRBはその政策決定過程を開示します。どのような情報に基づき、何を考慮して、なぜその決定を下したのか。市場参加者だけではなく、それ以外の一般の人々にとっても、こうした情報はFRBの行動を予測し、企業や個人の行動を計画するうえで欠かせません。

　また記者会見は、金融市場の予測を安定化し、不確実性を払しょくす

る役割も果たします。

　金融市場は、将来の不確実性に敏感に反応します。そこで根拠のない不確実な情報に惑わされること等がないように、FRBが明確なメッセージを発し、その意図を示すことで、市場の揺れ動きを鎮め、安定させる効果があります。

　長期的にも「市場の安定化」に寄与し、金融政策の効果を最大化することを目指しています。市場が安定し、金融政策が予定通りに機能することで、経済全体がより良い方向へ向かうことが期待されているのです。

記者会見はFOMC直後に毎回開かれる

　議長記者会見が初めて開催されたのは、2011年4月27日。その当時のFRB議長・バーナンキ（Ben S. Bernanke）によって始められました。

　当初は年に4回、つまり四半期ごとの開催でした。しかし、2019年、パウエル（Jerome H. Powell）議長の下で、より頻繁に情報を提供する目的で、毎回FOMC直後に開催するように変更されました。

　FOMCの会見直後には、議長記者会見とともに「FOMC声明文」が公表されます。これは会議の結果をまとめた公式の声明で、会合で何が決められたのか、なぜその決定を下したのか、といった重要な情報をまとめています。

　これらの情報は、金融市場のプレーヤーにとって、FOMCの会議で討議された内容やその結果を最も早く知る方法となります。

　このように、FOMCの会合結果を待ち、声明文を読み、そして記者会見を聞く、といった流れが、米国の金融政策や経済動向を理解するための重要なステップになります。

　FOMC声明文は、会合直後に公表される公式の声明文で、会合で何が決められたか、その理由について要約して伝えるものです。

　次ページ図は、実際に2023年5月3日に公表された声明文です。
その構成は、
1．雇用・物価を中心に経済指標の動向
2．金融政策に関係する政治・経済情勢など直近の動向
3．物価と雇用の2大目標を達成するために必要となる、具体的な金融政策の決定内容
4.金融政策の方向性を決める際に考慮する各種の情報
となっており、毎回概ね、この順番に記述されています。

　したがって、声明文が公表された直後に市場関係者がまずチェックするのは、3の「物価と雇用の2大目標を達成するために必要となる、具体的な金融政策の決定内容」になります。

　その中でもとくに政策金利についての記述が重要で、ここでは第3パラグラフの2行目、"the Committee decided to raise the target range for the federal funds rate to 5 to 5-1/4 percent." になります。

　「FFレートの誘導目標レンジを5.00％-5.25％に引き上げる」となっているので、それまでの4.75％-5.00％から0.25％ポイントの利上げを決定したことがわかります。

　同じパラグラフの中に、"the Committee will continue reducing its holdings of Treasury securities and agency debt and agency mortgage-backed securities, as described in its previously announced plans." と書かれているので、量的引き締めになる「保有資産の圧縮」

■ 「FOMC声明文」（2023年5月3日）

FEDERAL RESERVE press release

For release at 2:00 p.m. EDT   May 3, 2023

Economic activity expanded at a modest pace in the first quarter. Job gains have been robust in recent months, and the unemployment rate has remained low. Inflation remains elevated.

The U.S. banking system is sound and resilient. Tighter credit conditions for households and businesses are likely to weigh on economic activity, hiring, and inflation. The extent of these effects remains uncertain. The Committee remains highly attentive to inflation risks.

The Committee seeks to achieve maximum employment and inflation at the rate of 2 percent over the longer run. In support of these goals, the Committee decided to raise the target range for the federal funds rate to 5 to 5-1/4 percent. The Committee will closely monitor incoming information and assess the implications for monetary policy. In determining the extent to which additional policy firming may be appropriate to return inflation to 2 percent over time, the Committee will take into account the cumulative tightening of monetary policy, the lags with which monetary policy affects economic activity and inflation, and economic and financial developments. In addition, the Committee will continue reducing its holdings of Treasury securities and agency debt and agency mortgage-backed securities, as described in its previously announced plans. The Committee is strongly committed to returning inflation to its 2 percent objective

In assessing the appropriate stance of monetary policy, the Committee will continue to monitor the implications of incoming information for the economic outlook. The Committee

(more)

として、量的緩和を持続してきた結果拡大したFRBの保有資産（米国債・MBS）について、これまでの方針通り（as described in its previously announced plans）続ける（will continue）、すなわち量的引き締め策については変更がないとわかります。

したがって、政策金利の変更があったのか、なかったのか、金融政策の結果だけを知りたい場合には、この第3パラグラフに書かれている数字を中心に内容をチェックすればよいのです。

議長記者会見では記者との質疑応答もある

FOMC声明文は、FOMC会合の結果を簡潔に速報で公表するためのものです。

それに対して、会合直後に行われるFRB議長による記者会見は、決定事項の詳細な説明と決定に至るまでの話し合いの経緯や背後にある考え方を説明するものです。

内容は概ね声明文と同様に、直近の金融・経済状況の認識を示し、その後、金融政策についての決定事項とその考え方を説明するものとなっています。

また記者会見では、一方的なFRB側の説明のみならず、出席した記者との質疑応答セッションもあります。

その時点での経済状況の認識、具体的な政策ツール、あるいは将来の見通しなど、金融市場などの外部の関係者が疑問に思うことや、FOMC声明文、議長の詳細説明でも明確になっていないと感じたことが、このやり取りで明確になることもあります。

さらに、議長自身の考えなど、まったく新しい情報が提供されたりする場合もあります。そこから新たな解釈が生まれ、市場を動かすこともあります。したがって、議長説明と同様、あるいは見方によってはそれ以上に重要です。

■ パウエルFRB議長の記者会見録（2023年5月3日）

Transcript of Chair Powell's Press Conference
May 3, 2023

CHAIR POWELL. Good afternoon. Before discussing today's meeting, let me comment briefly on recent developments in the banking sector. Conditions in that sector have broadly improved since early March, and the U.S banking system is sound and resilient. We will continue to monitor conditions in the sector. We are committed to learning the right lessons from this episode and will work to prevent events like these from happening again. As a first step in that process, last week we released Vice Chair for Supervision Barr's *Review of the Federal Reserve's Supervision and Regulation of Silicon Valley Bank.* The review's findings underscore the need to address our rules and supervisory practices to make for a stronger and more resilient banking system, and I am confident that we will do so.

From the perspective of monetary policy, our focus remains squarely on our dual mandate to promote maximum employment and stable prices for the American people. My colleagues and I understand the hardship that high inflation is causing, and we remain strongly committed to bringing inflation back down to our 2 percent goal. Price stability is the responsibility of the Federal Reserve. Without price stability, the economy does not work for anyone. In particular, without price stability, we will not achieve a sustained period of strong labor market conditions that benefit all.

Today, the FOMC raised its policy interest rate by ¼ percentage point. Since early last year, we have raised interest rates by a total of 5 percentage points in order to attain a stance of monetary policy that is sufficiently restrictive to return inflation to 2 percent over time. We are also continuing to reduce our securities holdings. Looking ahead, we will take a data-dependent approach in determining the extent to which additional policy firming may be appropriate. I will

投資の材料はFRB議長の
発言に隠されている

発言の意味を読み解く

　金融の世界で活躍する人々にとって、FRB議長会見の発言内容は貴重な情報源となります。その言葉の1つひとつから、経済の現状評価や金融政策の方向性、そして投資のヒントを読み解くことは、市場で成功するために非常に重要です。

　なぜなら、米国中央銀行のトップが発する言葉は、その瞬間から世界の金融市場に大きな影響を及ぼすからです。

　しかし、議長の発言は、ただ単に聞いて読み解くのではなく、その言葉の選び方やトーン、そして前回の発言との比較など、細部まで注目することが求められます。

　例えば、「警戒」や「慎重」といった言葉が使われた場合、それは景気や物価の将来に対する潜在的なリスクが存在することを示しているかもしれません。このような言葉を見つけたら、議長がどんな懸念を持っているのか、それが具体的に何を意味するのかを理解しようとする必要があります。

　逆に、発言の中に特定の形容詞がなく、単に「増加する」、「上昇する」というような言葉で経済状況が表現されている場合、議長が額面通りに景気の順調な拡大を認識していることを示しているのかもしれません。このような表現が、雇用状況や金融政策に関して使われているときにも同じことがいえます。

前回会見との違いを見る

　しかし最も重要なのは、議長の言葉遣いが前回の会見と今回で変わったかどうかを見ることです。

　例えば、前回は単純に経済が「増加」や「上昇」していると述べていたのに、今回は「警戒」や「慎重」という言葉を使っていた場合、議長の景気の見方が変わった可能性があります。

　また、具体的な表現から抽象的な表現に移行した場合も、その背後に何か新たな認識や見解が存在しているかもしれません。

　例えば、2023年3月のFOMC後の記者会見で、議長が具体的な金融政策の方針について説明している部分では、

　「経済指標は予想以上に強い数字が出ているものの、過去2週間に起きた銀行システムの問題から、銀行の貸し出し条件の厳格化が生じています。その影響と金融政策による対応策を決めるのは時期尚早です」と述べた後に、

"As a result, we no longer state that we anticipate that ongoing rate increases will be appropriate to quell inflation; instead, we now anticipate that some additional policy firming may be appropriate"

（その結果、〈インフレ抑制のために利上げを続けることが適切だろう〉という言い方は、もはや公式見解ではありません。代わりに〈一定の追加引き締め策が適切になるだろう〉という表現になります）

と述べています。

　"rate increases" は利上げですが、"firming" という言葉は訳語としては「引き締め」で、利上げに限らず、その他の金融政策でも使える幅広い意味を持ちます。したがって、この言葉に変えたということは、引き締め策について、少し「引いた」感じは否めません。

このときは、FOMC会合の直前に米国内の銀行が経営破綻する問題が生じたため、それを受けてインフレ対策には「利上げが適切」ではなく、「ある程度の追加引き締め策が適切かもしれない」と表現を変えると言っています。

実際に、具体的な金融政策に関する記述を2023年3月のFOMC声明文と、その後の2023年5月の声明文と比較対照すると、この3月時点の議長会見の内容通りに変更されていることがわかります。

◎2023年3月の声明文

"The Committee anticipates that some additional policy firming may be appropriate in order to attain a stance of monetary policy that is sufficiently restrictive to return inflation to 2 percent over time. In determining the extent of future increases in the target range,"
(FOMCは、時間をかけてインフレ率を2％に戻すためには、さらなる金融引き締めの実施が適切かもしれないと見込んでいます。今後の誘導目標レンジの引き上げ幅を決める際に、)

↓

◎2023年5月の声明文

"In determining the extent to which additional policy firming may be appropriate to return inflation to 2 percent over time,"
(時間をかけてインフレ率を2％に戻すために、どの程度の追加金融引き締めが適切かを決定する際に、)

5月の声明文では、3月にあった「2％インフレに戻すために、さらなる金融引き締め実施が適切」の文を削除して、「これまで実施してきた金融引き締め、政策効果のタイムラグ、経済や金融の動向を考慮する」のは、「誘導目標レンジの引き上げ幅」を決めるときから、「どの程度の

引き締めが適切か」を決めるとき、に文言を変えています。

つまり、3月時点では「さらなる金融引き締めの実施が適切」かもしれないと、基本的に「利上げありき」で論じられていて、今後の議論の対象が「誘導目標レンジの引き上げ幅」になっています。これが5月になると、「利上げありき」とする文言が消え、「利上げ」という言葉のかわりに「引き締め」という言葉で選択肢を広げ、これを議論の対象とする、と書かれています。

これは、先に示した"As a result …"（83ページ）と言っていた3月の議長記者会見の内容と同じです。したがって、この5月の声明文の情報は、すでに3月の記者会見で公表されていることになります。

ちなみに、5月のFRB議長記者会見では金融政策について、
"we will take a data-dependent approach in determining the extent to which additional policy firming may be appropriate."
（どの程度の追加引き締め策が適切かを判断するために、データに基づいた手法を採用します）
といった表現が新たに加わっているため、ここでも3月までの「利上げ幅」に直接言及した表現から、「引き締め」という後退した表現になっています。

以上のように、「FOMC声明文」や「FRB議長記者会見」の両方の文言について前回と比べて変更点がないかを探ると、FRBの物価や雇用情勢の見方、ひいては金融政策におけるスタンスが見えてきます。

上の例では、結果だけを見れば、3月、5月のFOMCともに同じ0.25％ポイント幅の利上げでまったく同じなのですが、FRBの金融政策に対する姿勢には変化があるといえます。

景気の話か物価の話かを分けて、強気・弱気を読みとる

景気の状況はここを見る

　前の章で触れたFOMC経済見通し（SEP）によれば、FRBが経済の行方を予測し、それに基づいて金融政策を策定する際には、様々な変数が考慮されます。

　一般の人々の生活費に影響を与える消費者物価の変動要因になるものとしては、生産者物価指数、金利、インフレ期待、雇用統計、原油価格、為替レート、供給制約などがあります。

　さらに詳しくいうと、「生産者物価指数」は、企業が生産にかかるコストとして支払う価格の変動を示します。「原油価格」や「為替レート」は、インフレやデフレを引き起こす可能性のある要素であり、「金利」は貸出金利のレベルを決定し、経済の成長や縮小に影響を与えます。

　一方、景気に影響を与える指標としては、金利、ISM製造業・非製造業指数、企業利益、住宅着工件数、雇用統計などが挙げられます。

　例えば、「ISM製造業・非製造業指数」は、製造業と非製造業の活動を示す指標で、企業の生産活動の勢いを反映します。

　また、「景気指数」は企業財務の健全性を示し、企業利益の増加は一般に経済全体の活動の活発化を意味します。

　「住宅着工件数」は、新たに建設が開始される住宅の数を示し、この数値の増加は経済全体が活性化している証とされます。「雇用統計」（145ページ）は、労働市場の健全性を示す重要な指標で、この指標が良好で

あれば経済全体が順調に回復していると解釈されます。

物価と景気のどちらを重視しているかを読む

しかし、これらの因子は単純な分類であり、実際の経済現象はもっと複雑です。例えば、原油価格の上昇はインフレを連想するかもしれませんが、同時に企業コストを押し上げ、利益を減少させる可能性もあります。

また低金利は一般に経済の成長を促進しますが、長期的にはインフレのリスクを高める可能性もあります。そのため、FRBの声明文や議長の記者会見から得られる情報を解釈する際には、物価の動向を伝えるための話なのか、それとも景気の動向を伝えるための話なのかを理解することが重要です。

物価と景気に関しては、短期的には1つの金融政策で両立させることは難しいとされています。その理由は、景気が良くなると雇用が増え、その結果、人々の所得が増えて消費が増え、物価が上昇する可能性があるからです。

このような理由から、FRBは短期的には物価安定を重視するか、景気回復を重視するかのどちらかを選ばなければならない状況にしばしば直面します。

FRBがどのような政策を選択するかは、その時の経済状況や将来の見通しによりますが、その選択は、FOMC声明文や議長の記者会見を通じて示されます。

例えば、FRB議長が記者会見でGDP成長率の上昇や雇用環境の改善に言及している場合、それはFRBが景気回復に重点を置いていると解釈できます。その場合、政策金利の引き上げなど、金融政策の引き締め方向を示す可能性があります。

一方、議長が成長率の減速や雇用環境の悪化に言及している場合、それはFRBが景気の下降を懸念していると解釈でき、逆に金利の引き下げなど、金融政策の緩和方向を示す可能性があります。

　2023年3月のFOMC声明文の例では、コアPCE（コア個人消費支出）で見ても直近データのインフレ率が年率4.7％と、2％の目標から大きく上振れしたままになっている状況でした。

　したがって、利上げ姿勢は継続で利上げ幅が問題だったのですが、3月以降、米国内の複数の銀行に経営破綻問題が浮上し、景気の下振れ懸念が強まってきました。そのため5月の記者会見では「そもそも利上げ自体の妥当性も含めて引き締め策を考える」となりました（85ページ）。

　この一連の動きは、経済の微妙なバランスと金融政策の難しさを如実に示しています。

　一方で物価の安定を追求し、一方で景気回復を促進しようとする中央銀行の繊細なバランス調整に注視することも重要です。物価と景気、この2つの要素がどのように絡み合いながら、経済全体を動かしていくのかを理解することは、経済の動きを読み解くための大切な手掛かりとなります。

　実際に、3月と5月の実質GDP成長率と労働市場に関する部分について、景気に関して表現がどのように変わっているかを比較してみます。

- **実質GDP成長率の発言：**
　　3月　「成長率はそれほど大きくないが、個人消費は上向き」

　　　　⬇

　　5月　「個人消費が上向きにもかかわらず、成長率はそれほど伸びて

いない」

・雇用環境の発言：

　3月　「求人数が非常に多いため、労働力需要が労働力供給量を大き
　　　　く上回っている」

　5月　「需給バランスは改善する兆しがいくつか見られる（求人数と
　　　　求職者数がより均衡する方向に向かっている）」

　GDP成長率と労働市場の2つをとってみても、やはり微妙に表現が
変化しています。すなわち景気に対する悲観的な見方がやや増している
ということです。

会見後半の質疑応答では、ここに注目

質疑応答から議長の本音を読む

　記者会見の後半に行われる記者との質疑応答セッションは、前半とは異なった意味で注目されます。

　会見の前半は、話の形式が決まったスピーチで、事前にスクリプトを議長側で準備して臨むことができます。それに対して後半は、記者から突っ込んだ質問が投げかけられ、議長が口頭で、その場で対応しなければならないため、言葉の選び方やニュアンスなどから、より本音が出やすくなります。

　質疑応答形式なので、まず記者の質問が先に行われます。これは、記者がどのトピックに関心を持っているかを知るだけではなく、記者の質問そのものが市場の関心事を反映しています。市場参加者にとっては相場材料となり得る、注視すべきポイントです。

　例えば、2023年5月の質疑応答では、以下のような質問がありました。

- 今回（5月）の声明文は、次回のFOMCで利上げ見送りを示唆するものか。
- 前回（3月）の議事録での見方だった景気後退から予測を変えたのか。
- 今回（5月）のFOMC会合で、利上げ見送りの可能性は、実際にどの程度話し合われたのか。
- 追加利上げについて最初から懸念があったのか、また、その議論がどのようなものだったのか。

　議長は、こうした質問の１つひとつに注意深く回答し、現在のFRBの考え方や立場を伝えようとします。

　その言葉遣いやトーンから、議長の考えや今後の金融政策にどのような影響を与えるか、その可能性を見極めることができます。

　また、声明文や質疑応答に先立って行われた会合についての議長説明からは得られなかった情報を得られることがあります。仮に明確な回答が得られなかった場合は、FOMC内で議論が不十分だったか、意見が大きく割れている可能性もあります。

　先ほどの質問例で見てみましょう。

　「追加利上げについて最初から懸念があったのか、また、その議論がどのようなものだったのか」に対する答えとして、

"So support for the 25 basis point rate increase was very strong across the board. I would say there are a number of people—and, you know, you'll see this in the minutes. I don't want to try to do the head count in real time."

（0.25％ポイントの利上げに対する支持は、ほとんど全員からの強い支持がありました。賛成者が多数でした。詳細は議事録をご覧ください。現時点で具体的な人数を示すことは避けたいです）

と答えています。

　議長が述べているように、実際の賛成・反対がどの程度の割合だったのかは、会合終了から３週間後に公表される「FOMC議事録」を見なければならないのですが、会合終了直後の時点でも、こうしたやり取りから、ある程度うかがい知ることができます。

　「ほとんど全員が賛成」ということは、逆にいえば全会一致ではなく、一部反対したメンバーもいたということです。

一般に、反対意見が存在するということは、現在の現状認識や金融政策の方向性に対する見解が、FRBの内部で分かれていることになります。その意味では、今後の政策の不確実性を示すことになります。

　ただし、このときは、全体として「強い支持」（very strong）と強調しているので、反対派がごく限られた人数だろうと推定されます。前回3月の経済見通しで、政策金利のドットチャートが年末には18人中10人が今回決めたレンジ、5.00％〜5.25％になると回答していました。これらを考えれば、現時点では波乱要因ではないと考えられます。

　FOMCに関するFRB議長の記者会見、声明文、FOMC経済見通し（SEP）は、以下の公式サイトで情報を得ることができます。

https://www.federalreserve.gov/monetarypolicy/fomccalendars.htm

　上記のサイトから議長記者会見動画も見られるので、議長の顔の表情や声のトーンから確信度合いを読むことも可能です。

「議事録」で詳細な情報を確認

3週間後に公表されるFOMC議事録

FOMCで決定された金融政策やその決定に至るまでの背景など詳細は、FOMC直後の声明文と議長記者会見で明らかになる部分が多いことを見てきました。

ただ、これだけですべてが明らかになるわけではありません。すでに触れたように、政策決定の投票において、この段階では賛成・反対の投票数はわかりません。一部、記者会見の質疑応答からわかることもありますが、基本的には会合から3週間後に公表される「議事録」（Minutes of the Federal Open Market Committee）を確認する必要があります。

約5年後に公表されるFOMC会議録

FOMC会合の進行について最も詳細な記録は、全文記録としての「会議録」（transcript）です。

現在、公式ウェブサイトでは、1936年の最初のFOMC会合から閲覧することができます。FOMC会議録は、会合開催から約5年後に公表されることになっています。

米国以外の中央銀行では、このFOMC会議録に相当する文書について、FRBより長い期間を経て公開しています。イングランド銀行は8年後、日本銀行は10年後、ECB（欧州中央銀行）は20年後となっています。

議事録は、会議録に次いで詳細な記録となります。ちなみに、この FRBの議事録は、日本銀行でいうと「金融政策決定会合」の概ね３か月後に公表される「議事要旨」に該当します。

議事録を効率よく読むポイント

　議事録は、12〜13ページのPDFファイルで読むことができます。

　議事録を読み込むことは、FOMCで決められた政策や景気・物価認識を理解することになるので、可能であれば全文を読みたいところですが、すべての情報を一度に理解するのは慣れないと難しいかもしれません。もし読むのであれば、最初は、以下の２点に焦点を当てて情報を得るのがよいでしょう。

１．声明文や記者会見では情報が不足しているため、１つのテーマでさらに詳細を求める

　例えば、「利上げ」、「利下げ」、「インフレ」、「雇用」、「経済成長」などのキーワードで周辺の情報を探る。

２．メンバーの投票行動を記載した部分を読む

　FOMC声明文や記者会見では明確にならなかった、会合メンバーの投票行動が記載されています。96ページ図にあるように、賛成（Voting for this action）、反対（Voting against this action）と、その下に記載された投票者名です。

　FOMC議事録に関する情報も、公式サイトで得ることができます。

https://www.federalreserve.gov/monetarypolicy/fomccalendars.htm

Minutes of the Federal Open Market Committee
March 21–22, 2023

A joint meeting of the Federal Open Market Committee and the Board of Governors of the Federal Reserve System was held in the offices of the Board of Governors on Tuesday, March 21, 2023, at 10:00 a.m. and continued on Wednesday, March 22, 2023, at 9:00 a.m.[1]

Attendance

    Jerome H. Powell, Chair
    John C. Williams, Vice Chair
    Michael S. Barr
    Michelle W. Bowman
    Lisa D. Cook
    Austan D. Goolsbee
    Patrick Harker
    Philip N. Jefferson
    Neel Kashkari
    Lorie K. Logan
    Christopher J. Waller

Thomas I. Barkin, Raphael W. Bostic, Mary C. Daly, Loretta J. Mester, and Sushmita Shukla,[2] Alternate Members of the Committee

James Bullard and Susan M. Collins, Presidents of the Federal Reserve Banks of St. Louis and Boston, respectively

Kelly J. Dubbert, Interim President of the Federal Reserve Bank of Kansas City

Joshua Gallin, Secretary
Matthew M. Luecke, Deputy Secretary
Brian J. Bonis, Assistant Secretary
Michelle A. Smith, Assistant Secretary
Mark E. Van Der Weide, General Counsel
Richard Ostrander, Deputy General Counsel
Trevor A. Reeve, Economist
Stacey Tevlin, Economist
Beth Anne Wilson,[3] Economist

Shaghil Ahmed,[4] Roc Armenter, James A. Clouse, Brian M. Doyle, Andrea Raffo, Chiara Scotti, and William Wascher, Associate Economists

Roberto Perli, Manager, System Open Market Account

Julie Ann Remache, Deputy Manager, System Open Market Account

Jose Acosta, Senior Communications Analyst, Division of Information Technology, Board

David Altig, Executive Vice President, Federal Reserve Bank of Atlanta

Kartik B. Athreya, Executive Vice President, Federal Reserve Bank of Richmond

Becky C. Bareford, First Vice President, Federal Reserve Bank of Richmond

Penelope A. Beattie,[5] Section Chief, Office of the Secretary, Board

Daniel O. Beltran, Deputy Associate Director, Division of International Finance, Board

Jennifer J. Burns,[5] Deputy Director, Division of Supervision and Regulation, Board

Mark A. Carlson, Adviser, Division of Monetary Affairs, Board

Todd E. Clark, Senior Vice President, Federal Reserve Bank of Cleveland

Daniel Cooper, Vice President, Federal Reserve Bank of Boston

Stephanie E. Curcuru, Deputy Director, Division of International Finance, Board

Wendy E. Dunn, Adviser, Division of Research and Statistics, Board

Burcu Duygan-Bump, Special Adviser to the Board, Division of Board Members, Board

Rochelle M. Edge, Deputy Director, Division of Monetary Affairs, Board

---

[1] The Federal Open Market Committee is referenced as the "FOMC" and the "Committee" in these minutes; the Board of Governors of the Federal Reserve System is referenced as the "Board" in these minutes.
[2] Elected as an Alternate by the Federal Reserve Bank of New York, effective March 2, 2023.

[3] Attended through the discussion of the economic and financial situation.
[4] Attended from the discussion of the economic and financial situation through the end of Wednesday's session.
[5] Attended through the discussion of developments in financial markets and open market operations.

■FOMC議事録（最終ページ）

the extent of future increases in the target range, the Committee will take into account the cumulative tightening of monetary policy, the lags with which monetary policy affects economic activity and inflation, and economic and financial developments. In addition, the Committee will continue reducing its holdings of Treasury securities and agency debt and agency mortgage-backed securities, as described in its previously announced plans. The Committee is strongly committed to returning inflation to its 2 percent objective.

In assessing the appropriate stance of monetary policy, the Committee will continue to monitor the implications of incoming information for the economic outlook. The Committee would be prepared to adjust the stance of monetary policy as appropriate if risks emerge that could impede the attainment of the Committee's goals. The Committee's assessments will take into account a wide range of information, including readings on labor market conditions, inflation pressures and inflation expectations, and financial and international developments."

Voting for this action: Jerome H. Powell, John C. Williams, Michael S. Barr, Michelle W. Bowman, Lisa D. Cook, Austan D. Goolsbee, Patrick Harker, Philip N. Jefferson, Neel Kashkari, Lorie K. Logan, and Christopher J. Waller.

Voting against this action: None.

To support the Committee's decision to raise the target range for the federal funds rate, the Board of Governors of the Federal Reserve System voted unanimously to raise the interest rate paid on reserve balances to 4.9 percent, effective March 23, 2023. The Board of Governors of the Federal Reserve System voted unanimously to approve a $\frac{1}{4}$ percentage point increase in the primary credit rate to 5 percent, effective March 23, 2023.[6]

It was agreed that the next meeting of the Committee would be held on Tuesday–Wednesday, May 2–3, 2023. The meeting adjourned at 10:15 a.m. on March 22, 2023.

Notation Vote
By notation vote completed on February 21, 2023, the Committee unanimously approved the minutes of the Committee meeting held on January 31–February 1, 2023.

Joshua Gallin
Secretary

第 **4** 章

FRBの金融政策が
世界経済に影響を与える

株価・為替などを動かすのは「金利の動き」と「イベント」

商品の価格は「需要と供給」で決まる

私たちが普段、スーパーマーケットやネットで商品を購入するとき、その商品には必ず価格が付いています。この価格は、商品の売り手と買い手が相互に影響を与えながら決定されます。

売り手は、商品を作るためにかかった費用や時間に対して適切な報酬を得るために、そのコストに利益を加えた価格を設定します。

一方、買い手となる私たち消費者は、以前に買った同じような商品の価格や他の店で同じ商品がどのくらいの価格で売られているかなどを参考に、自分がその商品を買う価値があると感じる価格を決めます。つまり、自分が払いたいと思う金額と売り手が要求する価格を比べて納得すれば購入を決定します。

ここで重要なのは、商品の「価格」は売り手と買い手の間での、一種の交渉の結果、決まるともいえることです。

売り手が決めた価格と買い手が支払いたい価格とのバランスが取れたところが、最終的な価格となります。これが「需要と供給」の原理で、数多くの人々が商品やサービスの交換を行う市場全体を通じて、このような価格決定が行われています。

例えば、ある地域でリンゴが豊作だった年は、その市場でのリンゴの供給が増えます。すると、多くのリンゴ農家が大量のリンゴを売りたいと思います。そのため、農家は自分たちのリンゴが売れ残らないように、

価格を下げて提供することを選び、リンゴの価格は下がります。

逆に、猛暑の夏や極寒の冬などの気象条件により、エアコンや暖房器具の需要が急増することがあります。需要が急上昇すると、その商品の価格も上がります。これは、多くの人々が同じ商品を求めているため、売り手が高い価格を設定しても買い手がそれを受け入れる可能性が高いからです。

金融商品の価格は将来収益を含む

このような価格の変動は、金融商品についても同様に適用されます。

金融商品とは、株式や債券、先物契約など、貨幣や資産の価値を表現する手段の1つです。これらの商品の価格も、売り手と買い手の交渉、すなわち「需要と供給」によって決定されます。

しかし、金融商品の場合、その価格決定は少々複雑になります。金融商品の価格は、商品そのものの価値だけでなく、それを通じて将来得られると予想される収益を反映するからです（元本＋収益）。つまり、金融商品を購入することは、その商品を手に入れるだけでなく、将来の収益を得る権利を手に入れることになるのです。

現在価値で考えて価格を判断する

では、この「元本＋収益」の「価値」は、どのように評価すればよいのでしょうか。

その評価方法が「現在価値」です。この概念は一見難しそうに見えますが、基本的には「将来得られるお金」を「現在の価値」に換算する方法です。

つまり、100万円を今すぐ手に入れる価値と、1年後や5年後に100万円を手に入れる価値は、同じとは限らないということです。

なぜなら、お金には時間とともにその価値が変化するという特性があ

■現在価値と将来価値

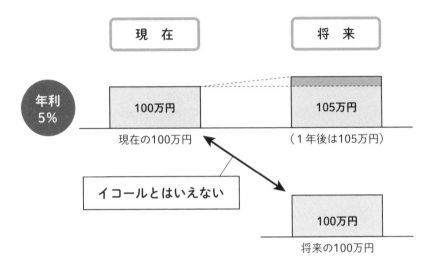

るからです。もし、あなたが、今手に入れた100万円を適切に投資した場合、それは1年後や5年後にはもっと大きな価値を持つかもしれません。

それに対して、将来手に入る100万円は、その間に投資することはできないので、その価値は今の100万円と同等ではないことになります。

これは、いわゆる「将来のお金の価値は現在の同額のお金よりも低い」という考え方で、これが「現在価値」という概念の根底にあります。

この現在価値を計算する際に重要となるのが、将来のお金の価値を現在の価値にするといくらになるか（いくらに評価されるか）を示す「割引率」（または「市場金利」）です。この値が高いほど、将来得られるお金の現在の価値は低くなります。

つまり、投資の価値を正確に評価するためには、将来得られる「元本＋収益」を現在価値に換算することが必要であり、その過程で割引率や市場金利の適切な選択が重要となるのです。

したがって、金融商品の買い手は、その商品によって将来得られると予想される「元本＋収益」を現在価値に換算し、その価値が自分がその商品に支払う価格より高いと判断した場合にのみ、その商品を購入することになります。

この現在価値に基づく評価は、未来の不確実性やリスクを考慮に入れるため、投資判断やビジネスの意思決定において非常に重要な役割を果たします。

債券の価格と利回りは逆に動く

また「市場金利」という言葉があります。金融の専門家や投資家であれば馴染みのある言葉かもしれませんが、多くの一般の人々には、わかりにくい言葉かもしれません。

市場金利とは、具体的には金融市場、つまり銀行や金融機関がお金を貸し借りする市場で取引される金利のことを指します。野菜が卸売市場で売買されるように、金利も金融市場での売買により決定されるのです。

ただ、これらの金利は、中央銀行の政策によって大きく動きます。中央銀行が金利を操作することで、国全体の経済を管理し、不況やインフレを防ぐ役割を果たします。

市場金利が変動すると、金融商品、例えば株や債券、外国為替などの「現在価値」も変わります。

市場金利が上昇すれば、銀行から借りるお金の利子が増えて、お金を借りるコストが膨らみ、企業の利益が減少し、それが株価の下落につながることがあります。また、仮に株価が変わらず配当金も同額だったとしても、市場金利が上昇すれば、上昇しなかった場合よりも「元本＋収益（配当金）」の現在価値は小さくなります。

逆に市場金利が低下すれば、お金を借りやすくなって企業の利益が増え、それが株価の上昇につながることがあります。現在価値も大きくな

■市場金利と債券価格の関係

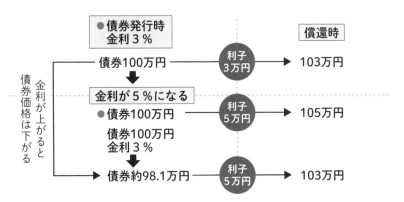

利子が 5 万円になるように債券価格が下落して調整される

→ 金利が上がると債券価格が下がる

ります。

　債券市場でも、市場金利の変動は重要な役割を果たします。債券の価格とその利回り（債券の収益率）は、一方が上がれば他方は下がるという逆方向の動きをします。

　市場金利が上昇すれば、新しく発行される債券の利回りが上昇するように発行条件は調整されます。すると、既存の債券価格は、利回りが上昇するように調整されて下落します。つまり、金利が上がると債券価格は下がるわけです。

　一方、市場金利が下がれば、新規に発行される債券の利回りが下がります。その結果、既存の債券の利回りも低下するように調整され、債券の価格は上昇します。

市場金利と為替の関係

次に、外国為替市場を見てみましょう。

市場金利の差は、各国の通貨の需要と供給に影響を与え、為替レートを動かします。

例えば、アメリカの市場金利が日本よりも高ければ、円資産を持つ投資家は円をドルに交換して、アメリカの債券を買い、その金利差分の収益を受け取ることが可能となります。

この結果、ドルの需要が高まり、対円でドルの価値が上昇すること（円安・ドル高）が考えられます。逆に、日本の市場金利がアメリカよりも高い場合、ドル資産を持つ投資家はドルを円に交換すれば日本の債券を購入することが可能になり、同様に金利差を受け取ることができます。この場合は円の需要が高まり、対ドルで円の価値が上昇する（円高・ドル安）と考えられます。

想定外の「イベント」も影響が大きい

また金融市場においては、「イベント」と呼ばれる要素も大きな影響力を持ちます。

ここでいう「イベント」とは、想定されていない出来事や重要な情報発表のことを指します。例えば、中央銀行の金利政策の発表、重要人物の発言、大きな政治的・経済的会議、経済指標などの重要データの発表、または自然災害といったものです。

とくに市場金利の変動を引き起こす可能性のあるようなイベントは、金融市場全体に対して大きな影響を与えます。例えば、中央銀行のトップによる記者会見や議会証言、政策決定を議論する会議、そして政策決定に影響を与える重要な経済指標の発表などです。

これらのイベントは、中央銀行の政策金利の変更につながる可能性が

あり、大きな相場変動の引き金となることがあるのです。

　過去の例としては、1997年6月に当時の日本の橋本龍太郎首相が訪米中に「米国債を売りたい衝動に駆られることがある」と発言し、米国債価格が急落したことがあります。

　また2015年6月には日本銀行の黒田東彦総裁が、「さらに円安になるのは、普通に考えればありそうにない」という趣旨の発言をし、その直後に円安観測が後退し、大きく円高に振れたこともあります。

　このような発言は市場の「コンセンサス（共通の理解や見解）」を形成し、市場参加者の行動に影響を与えます。

　例えば、先の黒田総裁の発言時に120〜125円程度で推移していた円相場は、その後125円を超えて円安方向に動くことはないという市場の共通認識が形成されました。この水準は「黒田ライン」と呼ばれ、投資家の心理的な目安となりました。

　さらに、2016年6月にイギリスがEUからの離脱を国民投票によって決定した際も、金融市場に大きな動揺をもたらしました。具体的には、英国からの資金逃避とそれに対する投機的な行動が、英ポンドの価値を急落させる結果となりました。

　経済指標の発表も大きなイベントとなります。実物経済のデータや市場の気分、また人々の心理的な反応などは、未来の金融政策や投資家の行動に影響を与える可能性があるためです。そうした情報が発表されると、相場が大きく動くことがよくあります。

　これらのイベントは、金融商品の市場価格に大きな影響を与えます。そのため、投資家やトレーダーにとっては無視できない重要な要素となります。

市場の思惑は中央銀行の動きを
先取りしている

中央銀行の金利政策で景気が動く

これまで金利の動きやイベントが金融市場に与える影響を見てきましたが、そこに中央銀行の金利政策が加わった場合の影響を詳しく見ていきましょう。

「中央銀行」や「金利政策」という言葉は、メディアではよく見かける言葉です。

「中央銀行の利上げ（利下げ）」あるいは、「金利政策の変更」などは、普段、金融の話題に馴染みのない人でも耳にしたことがあるでしょう。日本銀行やFRB、ECB（欧州中央銀行）などの中央銀行は、国の通貨政策を管理する機関で、その業務の一部に金利政策の実施があります。

金利政策とは、中央銀行が経済全体の安定を図るために、短期金利を制御する方法のことです。

中央銀行が金利を引き上げると、銀行やその他の金融機関は預金金利を上げる傾向があります。これは、預金者に対してその分、より高い収益を提供することになります。その一方で、金融機関は貸出金利も上げます。これは金融機関から資金を借りる企業や個人に対して貸し出すお金の利率を上げ、預金者に支払うコストの増加分をカバーするためです。

融資の金利上昇が消費者や企業に与える影響が大きいことは、自動車ローンや住宅ローンで考えるとよくわかります。

自動車ローンや住宅ローンの金利が上がると、消費者は資金を借りる

のをためらうようになる可能性があります。また借り入れによる負担が増えると、消費者は自身の消費を控えるようになります。その結果、経済全体の消費や投資が減少し、物価が下がる「デフレーション」（デフレ）の圧力が高まるという構図が生まれます。

逆に、中央銀行が金利を引き下げると、話はまったく逆になります。

金融機関が預金金利を下げ、消費者が銀行にお金を預けるメリットが低下します。しかし、貸出金利も下がるため、企業や個人が借り入れをしやすくなります。

消費者が資金を手に入れやすくなると、より多くの商品やサービスを購入する可能性が高まります。具体的には、新しい家具の購入や新たなビジネスの開始など様々な形で効果が表れます。

企業も同様に、資金を借りやすくなると新事業や新製品の開発に投資しやすくなるのです。これらすべての活動が増えると経済全体が活性化し、その結果、物価が上昇する「インフレーション」（インフレ）の圧力が高まることになります。

金利を下げることで経済活動が活発化し、それによって景気が回復する仕組みになります。

日本の1990年代はこの現象の一例です。不動産バブル崩壊後、日本の中央銀行は金利引き下げなどの方法で景気の低迷を食い止めようとしました。その後、2000年代に入ってからは中央銀行が量的金融緩和政策を実施し、低金利を維持することで経済の回復を目指しました。

2008年のサブプライムローン問題では、中央銀行が金利をゼロに近い水準にまで引き下げると同時に、住宅ローン担保証券などの購入によってバランスシートを拡大させる（36ページ）方法で量的金融緩和政策を実施しました。これらの事例からわかるように、中央銀行による金利政策は、経済活動に大きな影響を与え、私たちの生活に密接に関わっているのです。

市場金利を変動させる
様々な要因

経済指標による変動

　様々な「経済指標」も市場金利と密接な関係を持っています。

　中央銀行が公式に金利を変更する前に、経済指標が市場の期待とは異なる動きをした場合、市場金利はすでに変動していることがあります。

　例えば、失業率が予想よりも低くなったとします。それはすなわち雇用状況が改善されたというサインになります。

　このサインにより、市場参加者は経済が拡大していると判断することがあります。こうした動きは全体的に需要を増やし、物価が上昇する可能性を高めます。このような状況下では、中央銀行は物価上昇を抑える、すなわちインフレを抑えるために金利を引き上げる可能性があります。

　そのため市場参加者は、中央銀行が行動する前に金利が上昇すると予想し、実際に市場金利が上昇することがあるのです。

　ここでいう市場参加者とは、株式や債券などの金融商品を購入、または売却する個人や機関のことを指します。市場参加者は、経済指標が公表されると、それが中央銀行の金利政策にどのような影響を与えるかを分析します。それに基づいて、市場金利がどのように変動するかを予想し、それに合わせて投資戦略を立てるのです。

政治的・地政学的なリスクによる変動

　さらに、政治的なリスクや地政学的なリスクも市場金利に影響を与え

る要素となります。例えば、国際情勢の不安定化や政治の混乱が起きると、市場参加者は将来的に経済が悪化したり金融市場が混乱したりすると予想するかもしれません。

　すると、市場参加者はリスクを避けるために、現金や金などの安定した資産へと投資先を変えることを考えます。その結果、株式や債券といった資産が売られ、その価格が下落します。株価の下落だけでなく、債券価格の下落と市場金利の上昇（101ページ参照）も起きるのです。

　例として、特定の国（A国）で独裁政権が誕生し、紛争が勃発した場合を考えてみましょう。そうした状況下では、投資家はA国の政情が不安定であると判断し、A国の株式や債券を売却する可能性があります。

　この結果、A国の株価が下落、債券価格も下がり、市場金利が上昇するという動きが見られるのです。これは、投資家が不確実性を避け、安全と見なされる資産へ資金を移すために起こります。

　その場合、株式市場や債券市場は動揺し、お金を借りるための費用である市場金利が上がることがあります。また不安定な状況では、中央銀行が政策金利を引き上げるか引き下げるかの決定を迫られることになります。投資家は、そうしたリスクも考慮した投資行動が必要になってきます。

市場参加者の経済への観測による変動

　また、市場参加者の「経済に対する見方」も、市場金利の大きな変動要因となります。

　市場参加者が経済に対して否定的な見方をしていると市場金利は低下する傾向に、逆に肯定的な見方をしていると市場金利は上昇する傾向が見られます。

　市場参加者が経済に否定的な見方をする要因としては、経済指標の悪

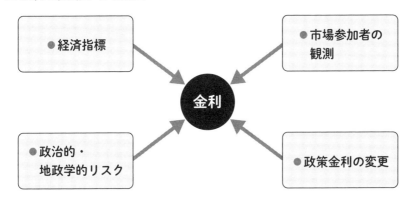

■ 金利を変動させる要因

- 経済指標
- 市場参加者の観測
- 金利
- 政治的・地政学的リスク
- 政策金利の変更

化や政治的な不安定さが考えられます。例えば経済指標が景気の悪化を示すと、投資家は企業業績の悪化を心配し、将来の経済成長や企業利益に対する不安から、リスクを避けて安全な資産、例えば国債（債券）に投資するようになります。

　需要が増加して国債価格が上昇すれば債券利回りの低下、市場金利の低下につながります。

　逆に、市場参加者が経済に肯定的な見方をする要因としては、景気回復や企業業績の改善があげられます。企業業績が良ければ、投資家は企業の成長や利益の向上を期待し、株式市場のようなリスクのある資産に資金を投入します。

　債券市場などから株式市場へ資金が移動するので、債券は売られ債券価格は下落、利回りは上昇します。その結果、市場金利は上昇することになります。

　このように、市場参加者の心理状態は市場の動きに大きく影響を与えます。そのためすべての市場参加者が一斉に同じ方向に動くと、市場金利が急に上がったり、下がったりすることがあるのです。

世界経済の主役である米ドル

ドルは国際決済通貨でもあり基軸通貨でもある

FRBの実施する金融政策は、世界経済に大きな影響を与えます。その大きな理由の1つは、米ドルが世界経済の中で**「国際決済通貨」**であり、かつ**「基軸通貨」**であることと大きな関係があります。

国際決済通貨や基軸通貨といった単語は、よく用いられる言葉であり、ほとんど同様の意味を持っています。しかし、厳密にいうと両者には違いがあります。

「国際決済通貨」とは、ハードカレンシー "hard currency" のことを指します。これは、どの通貨とも市場で交換できるだけの取引量がある通貨で、発行する国が財政的にも経済的にも一定の安定性がある必要があります。

具体的には、ドル、ユーロ、円などです。

一方で、「基軸通貨」とは、自転車の車輪の形にたとえると中央にあるハブに当たる通貨です。その他の通貨とは、自転車の車輪のスポークのような形で結ばれているというものです。

この仕組みは、通貨の機能である「価値の尺度」、「交換の手段」、「貯蓄の手段」といった側面から見るとよくわかります。

「価値の尺度」とは、商品やサービスの価値を測る尺度としての機能です。異なる商品やサービスの価値を比較しやすくなります。

「交換の手段」とは、商品やサービスを交換する際の媒介の機能です。

物々交換であれば、双方が必要なモノを持っていなければ取引は成立しませんが、通貨を用いれば取引は容易になります。

「貯蓄の手段」とは、未来の消費や投資のために貯蓄をする機能です。通貨を保有することは価値の保存を可能にします。

またこうした3つの機能の上に成り立つのが、通貨の決済手段や価値の移転手段です。借金の返済や利子の支払い、またある場所から別の場所への価値の移転、具体的には送金や投資といった経済活動が可能になるのです。

基軸通貨としての米ドルの重要性

こうした役割を国際社会の中で担うことができる通貨が基軸通貨です。具体的に見てみましょう。

・為替レートの基準になる

第一に、米ドルは国際経済の中で「価値の尺度」としての機能を担っています。例えば、あなたがブラジルのサンパウロ近郊に土地を買いたいので物件を探したとしましょう。

不動産業者に問い合わせたところ、100万レアル（レアルはブラジルの通貨）でした。この場合、全額日本円を用いて支払うには、どれだけ用意すればよいかを考えます。レアル／円の交換比率は簡単にわかるようになっています。例えば仮に1レアル＝25円なら、2500万円を準備すればよいことになります。

このようなレートの計算方法は、通貨によって異なります。これが米ドルと円であれば実際に市場で取引されている実勢値に基づいて決めることができます。ですが、ブラジル・レアルのような通貨の場合、米ドルと円のような大きな市場があるわけではありません。しかし、基軸通貨である「米ドルと円」、同様に「米ドルとレアル」であれば、実勢値

はすぐにわかります。

　そこで、それぞれの米ドルとの交換比率から円とレアルの計算上の交換比率を算出します。これが「**クロス円レート**」として、公表される為替相場です。

　まさに米ドルは国際社会の中で「価値の尺度」としての機能を持つ通貨だといえるのです。

・現実の交換で使われる

　第二に、米ドルは「交換の手段」の機能を担います。上記のブラジルの土地購入の例で考えてみましょう。日本人が、円を元手にサンパウロの土地を購入しようとすれば、ブラジルの通貨レアルを手に入れなければなりません。

　上記の例では、100万レアルの資金が必要なので、円を100万レアルに交換する必要があります。その際、「価値の尺度」の説明で述べたように、円とレアルには取引量の大きな市場はありません。したがって、レアルを手に入れるために、市場が大きな「米ドルとレアル」で取引をする必要があります。つまり、まず米ドルを手に入れるために米ドルと円の市場で取引を行い、円を対価に米ドルを手に入れます。そして、手に入れた米ドルでレアルを買うわけです。

　すなわち、資金の流れを見れば、
　　円　⇒　米ドル　⇒　レアル
といった順番になります。
　逆に、ブラジルの投資家が日本の土地を購入したい場合には、
　　レアル　⇒　米ドル　⇒　円
の順番になります。

■ 基軸通貨のイメージ

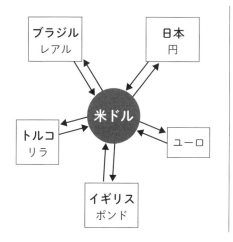

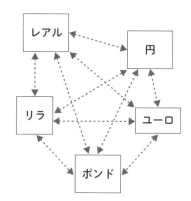

●基軸通貨がないと…

　一般に、米ドル、ユーロといった国際決済通貨は直接円と交換できますが、それ以外の通貨を対円で交換する場合には、このように米ドルを介する方法が一般的です。国際経済においては、米ドルが通貨として「交換の手段」になっているといえます。

・金に近い信用力を持つ米ドル

　最後の「貯蓄の手段」についても、米ドルが国際経済の中で果たしている役割の1つといえます。

　第二次世界大戦後の世界経済は、ブレトン・ウッズ体制（23ページ）を中心に発展してきました。その仕組みは、1トロイオンス＝35ドルで、金と米ドルは交換できるというルールが基本になっていました。各国通貨も米ドルとの交換レートが定められ、米ドルを通じて金の価値に裏打ちされていたのです。

　したがって、米ドルは他の通貨に比べて金に最も近い信用力を持っていました。価値の保存手段としては優れた通貨だったのです。しかし、

1971年にアメリカが金と米ドルとの交換を停止する措置を実施したため、多くの国が変動相場制を採用するようになり、価値の保存手段としての役割は以前ほど安定してはいなくなっています。

　それでも、米ドルの相対的な強さは引き継がれ、個人や法人レベルでも米国内外を問わず最も多く保有され、各国政府の外貨準備の比率は、米ドルが最も大きくなっています。貯蓄の手段としての価値は現在も認められているのです。

　モノやサービスの国際取引や国際金融市場での金融・資本取引において広く使用される通貨は国際決済通貨といえますが、国際経済の中で通貨として上述の3つの機能を満たしているのは、現時点では米ドルだけです。

　もちろん、これは歴史の流れの中で移り変わるものです。米ドルが基軸通貨の役割を担うようになったのは、1944年のブレトン・ウッズ体制成立後のことです。かつて19世紀後半から20世紀初頭にかけては、英国のポンドが基軸通貨だった時代がありました。

　当時はイギリスが世界最大の経済大国であり、イギリス帝国の絶頂期でした。モノやサービスの取引、金融・資本取引において英ポンドが広く使われていたのです。そして英ポンドがたどった歴史を見てもわかるように、現在の基軸通貨米ドルについても、今後、基軸通貨であり続けるとは限りません。

国際決済システムSWIFTは
ドルの上に成り立っている

「SWIFT」ではアメリカの銀行が関与する

　FRBが国際経済において大きな役割を果たしている事実は、SWIFT（スイフト）が国際経済の中で果たしている役割を見るとよくわかります。

　SWIFTは、「Society for Worldwide Interbank Financial Telecommunication」の頭文字を取った言葉で、銀行などが参加している金融機関の間を結ぶ情報通信サービスの運営団体です。具体的なサービスは、国際金融取引に関するメッセージをオンラインで伝送するネットワークシステムの提供です。

　1970年代初めまでは、国際銀行間通信といえば、テレックスでした。しかし、これは銀行名や国名など基本的な情報でさえ統一されたフォーマットではありませんでした。そのため効率が悪く、またセキュリティも低いものだったため、こうした状況を改善するため1973年にSWIFTがベルギーに設立されました。

　発足時は、15か国239の銀行がメンバーでした。現在では、200以上の国または地域で1万1000以上の銀行、証券会社、市場インフラ、事業法人顧客を結ぶまでに拡大しています。

　SWIFTは、送金元銀行と、送金受取銀行の間の送金指図を伝達します。受取銀行は、指示通りに顧客の口座に資金を振り込む義務を負います。ただし、資金移動の指示は、振込み指図とは別に考えます。この場合、送金元銀行（A銀行とします）が送金受取銀行（B銀行とします）に預金口座を持っていれば、そこから資金を引き落として顧客口座に入

金すればよいのですが、預金口座を持っていない場合もあります。

　この場合は、Ａ銀行とＢ銀行の双方の預金口座を受け入れている資金移動仲介銀行（Ｃ銀行とします）を間に入れて行います。

　したがって、Ａ銀行とＢ銀行が互いに相手銀行の預金を受け入れていなくとも、Ｃ銀行を間に入れることで国際送金は可能になります。

　具体的には、Ａ銀行がＣ銀行に持つ預金口座から、Ｂ銀行が持つＣ銀行の口座に送金したい金額を振り替えることで送金が完了します。

　このようなSWIFTの送金の仕組みで、実際に取り扱われる通貨は米ドルが最も多くなります。したがって、例えば日本と韓国、あるいは韓国と中国のようなアジアの近隣国間の送金であっても、資金決済はアメリカ国内の米ドル建て預金口座で行われます。

　これは日本と韓国の銀行間の資金移動だけではなく、世界中のどこの国の銀行同士でも、通貨が米ドルである限り最終的にアメリカ国内の銀行が関与します。すなわち、先の例で間に入るＣ銀行は、アメリカの国内銀行であるということです。

　そして、アメリカ国内の銀行は資産規模全体で見ると、そのほとんどがFRBの監督下にあります。FRBが主に銀行持ち株会社や大銀行を監督しているためです。それ以外の一部の金融機関は、通貨監督局や州の監督機関の監督下にあります。

　すなわち、米ドルの資金取引は米国外での取引であっても、常にFRBの監督下にあり、FRBによる金融政策の影響下にあるのです。そして、SWIFTはこうしたFRBの影響力を支えている重要な金融インフラなのです。

FRBの政策を見るには
「国際金融のトリレンマ」を考える

3つの政策目標は同時に実現できない

　FRBは、世界最大の経済大国であるアメリカの中央銀行として、世界の金融市場に大きな影響力を持っています。これを理解するために、経済学でいう「**国際金融のトリレンマ**」を前提に考えると、その仕組みが見えてきます。

　「国際金融のトリレンマ」とは、国際経済において、3つの政策目標が同時には達成できないという経済学の原理です。その3つとは、

① 　為替レートの安定性

② 　金融政策の自主性

③ 　自由な資本移動

です。

　このうち、同時に達成できるのは2つまでで、残りのどれか1つをあきらめる必要がある、という考え方です。具体的に見てみましょう。

［ケースA］
①為替レートの安定性、②金融政策の自主性、の2つを目指す

　この2つを選ぶと、その国は自国の為替相場を特定の通貨に固定、あるいは変動幅を限定させるといった政策で為替レートを安定化させることになります。さらに、金利やマネーサプライなどの金融政策を他国に影響されずに実施できます。

　しかし、そのためには資本流入や流出を制限し、他国の影響を遮断す

■ 国際金融のトリレンマ

[国際金融においては、3つの政策を同時に実現することができない]

る必要があります。したがって、自由な資本移動は行われません。

［ケースB］
①為替レートの安定性、③自由な資本移動、の２つを目指す

　このケースでは、為替レートの安定化と自由な資本移動は可能ですが、金融政策の自主性はなくなります。金融政策は、相場を特定の通貨に固定、あるいは限定された範囲での変動に管理するため、その通貨国の金融政策に連動せざるをえなくなります。

　さらに最終的には為替介入といった手段を用いて相場の安定化を図るため、自国の金融政策の自主性は放棄せざるを得ません。

　この例は、現在の香港や1994年のメキシコ通貨危機（120ページ）の際のメキシコなどが該当します。自国通貨の為替相場を米ドルと連動させていたため、金融政策は米国FRBに追随することになります。

　また為替レートの安定ではなく、さらに進んで通貨統合まで行った場合も、同様の理由で自国の金融政策の自主性はありません。自国通貨を廃止して単一通貨に統合した、欧州のユーロ圏がこの例です。

［ケースＣ］
②金融政策の自主性、③自由な資本移動、の２つを目指す

　この場合は、独自の金融政策を維持しながら資本移動の自由を認める
ため、他国との差異が最終的に為替変動になって表れます。

　例えば、Ａ国が政策金利を一定に維持する中で、Ｂ国が利上げを継続
していけば、自由に移動可能な資本はＡ国内にとどまらず、高い金利を
選好してＢ国に流出することになります。その際、Ａ国通貨建ての資本
は為替市場でＢ国通貨に変換されることになるため、Ａ国通貨売り・Ｂ
国通貨買いの動きが加速して、為替相場はＡ国通貨が安くなり、Ｂ国通
貨が高くなって、為替レートの安定性が失われるというわけです。

「為替の安定」を放棄した現代社会

　第２次世界大戦後の世界経済を、こうした国際金融のトリレンマの観
点から見ると、１つの流れがわかります。

　1944年にブレトン・ウッズ体制がアメリカを中心に形成され、金ドル
本位制が発足しました。各国通貨を米ドルにリンクさせ、最終的に金に
リンクさせる方法は、為替レートの安定化は達成されたものの、各国は
金融政策の自主性か、自由な資本移動を放棄せざるを得ませんでした。

　双方とも達成しようとする流れの中、結局為替レートの安定化を放棄
するようになったのが、現在の国際社会です。米ドルペッグ制（固定相
場制）を取る国や地域も大きく減りました。

　金融政策の自主性と自由な資本移動を維持しながら、中長期的に為替
相場の安定を図るのが現在の国際社会であり、かつて主流だった為替市
場介入で為替相場の安定化を図ることを目指すものではない、というこ
とです。

FRBの国際的影響力を見る①
――メキシコ通貨危機

FRBの利上げが契機となったメキシコ通貨危機

1994年の「**メキシコ通貨危機**」が発生した背景には、様々な要因がありました。

サリナス政権下の1994年1月1日から発効した北米自由貿易協定（NAFTA）は、メキシコ経済を急速に拡大させました。同政権はインフレ抑制のためにメキシコ・ペソの対ドル固定相場制を維持しましたが、貿易取引量の急拡大、メキシコへの直接投資の増加、経常収支と財政収支の赤字幅拡大は、海外への資本逃避を招きました。

経常赤字は1984年以降、赤字幅が拡大傾向にありましたが、1994年に入ってもその動きは継続していました。また政治的には1994年初めから反政府軍の武装蜂起や大統領候補の暗殺といった政情不安から、資本の逃避傾向に拍車がかかっていました。

こうした背景のもと、1994年11月の米国FRBによる0.75％ポイントの利上げが、メキシコ通貨危機を決定的なものにしたといえます。

FRBの利上げによって、米ドル建ての投資が魅力的となります。投資家は、ペソを米ドルに換えて投資するため、為替市場ではペソ売り・米ドル買いの動きが加速。この結果、ペソの対米ドル相場が急落。固定相場維持のためにメキシコ中央銀行による大量のペソ買い・米ドル売りの取引が必要となりました。

これにはペソ買いの元手となる米ドルが必要ですが、外貨準備として蓄えた米ドルを取り崩して使うことになり、外貨準備が急減する状況と

なったのです。

　結局、メキシコ政府はペソの対ドル変動相場制への移行を同年12月に決定しました。つまり、メキシコ金融危機はFRBだけが要因とはいえないものの、引き金になったといえるでしょう。

　このように、FRBが新興国経済に大きな影響を与える理由は、新興国が政治的・経済的に米ドル経済圏に依存しているためです。それは、相対的に政治的・経済的脆弱性に起因するものです。

　とくに、1994年のメキシコ通貨危機のように、米ドルに対して固定相場制をとっている場合、金融政策や為替政策では独自の政策はまったくとれなくなります。米国内でインフレが進んでFRBが金融引き締め政策（利上げ等）をとれば、自国通貨を防衛するために新興国も追随して引き締め政策を取らざるを得なくなります。

　仮に新興国内でも同様にインフレが進んでいる場合はともかく、そうでなければ不必要に国内の金融引き締めを行い、景気を急速に冷やすリスクがあります。

　また為替政策においては、変動相場制であれば経常収支の赤字が拡大しても自国通貨が安くなります。これは輸出に有利に働き、赤字幅縮小へ向かうシナリオも描けるのですが、米ドルに対して固定相場制をとっている場合にはこれも選択肢から外れます。

　しかも、このようなケースでは米ドル売り・自国通貨買いの為替市場介入が必要になるので、それに十分対応できるだけの外貨準備が必要になります。仮に外貨準備が急速に減少すれば、新興国通貨は市場で売られて相場はさらに下落します。

　また、米ドルの外貨準備は通常米国債で保有するため、FRBが金融引き締めを行えば含み損が発生します。これ自体、財政収支の赤字拡大要因で、新興国通貨安の原因になります。

FRBによる通貨スワップラインの設定

1994年のメキシコ通貨危機では、収束に向けて米国政府とFRBを中心にメキシコに対する緊急金融支援が行われました。1995年1月、528億ドルの支援策がまとめられ、うち200億ドルは米国政府の負担となりました。FRBは、米国政府と連携してこのうちの一部については、「**通貨スワップライン**」を設定することでメキシコがドル不足を補うことができるようにしました。

通貨スワップラインとは、「**通貨スワップ協定**」ともいい、中央銀行が他国の中央銀行に対して自国通貨の流動性を支援する方法で、中央銀行による直接的な金融支援の形です。

2つの国の中央銀行が互いの通貨を交換することで、流動性の確保や経済的な安定を図るための取り決めです。

通貨スワップラインは、2007年から2009年にかけて世界的な金融危機が発生すると、重要性が再認識されるようになりました。

その後も、2010年代の欧州債務危機、2020年の新型コロナウイルスによるパンデミックなど、世界経済に大きな影響を与える出来事が発生するたびに、多くの中央銀行が通貨スワップラインを設定し、国際的な流動性の確保に努めました。その中でも、基軸通貨である米ドルの流動性確保に貢献した米国FRBの役割は大きかったといえます。

通貨スワップラインは中央銀行が行うものではありますが、民間商業銀行から見れば、公的機関から外貨の融資を受けられることになります。

日本でいえば、日本の商業銀行がドルを借りたい場合は、FRBではなく日本銀行から借りられるということです。もちろん、米国内でも実際の借り入れは、FRBではなくその実行機関である各地区連邦準備銀行が担います。そして、実際の通貨スワップの当事者は、日米であれば日本銀行とニューヨーク連邦準備銀行になります。

■通貨スワップラインの仕組み

> 通貨スワップラインの仕組みは、一言でいうと、2つの中央銀行が互いの自国通貨を交換して保有し、新たに得た外貨の流動性を確保して金融市場の安定化を図る仕組み。
> 具体的には、以下の手順で行われる。

1．条件の取り決め

中央銀行2行が通貨スワップラインの設定に合意し、条件（金額、期間、金利など）を決めます。

2．通貨交換

それぞれの中央銀行は、定めた条件で自国通貨を相手銀行に貸し出します。この際の為替レート（交換比率）も条件で定められています。

3．国内銀行への貸し出し

それぞれの中央銀行は、自国内の商業銀行に交換した外貨を貸し出すことができます。全体として見ると、金融市場で外貨の流動性が向上したことになります。

4．返済

取り決めた期間が終了すると、各中央銀行は借り入れた通貨を相手の中央銀行に返済します。このときの為替レートは当初の貸し出しの際と同じです。したがって、両国の中央銀行から見れば、同通貨・同金額の貸し出し、あるいは借り入れとなり、為替リスクは発生しません。金利は別途発生します。

FRBの国際的影響力を見る②
——アジア通貨危機

FRBのドル高政策によりドルペッグ制が崩壊

1997年に発生した「アジア通貨危機」は、タイ・バーツ相場の急落がきっかけとなりました。

タイは当時、自国通貨バーツを米ドルに対して固定する政策（ドルペッグ制）を取っていました。当時、アメリカは強い国家を目指してドル高政策をとっていました。

しかし、ドルに相場を固定していたバーツは経済の実態と釣り合わないほど通貨が上昇し、海外市場での競争力低下、世界的な半導体不況による需要低迷から輸出が急激に落ち込み、経常収支の赤字幅が拡大していきました。

そこに、ヘッジファンドによるバーツ売りもかさみ、中央銀行であるタイ銀行の買い支えも功をなさず、1997年の7月2日に変動相場制に移行しました。

この動きは近隣のミャンマー、ベトナム、ラオス、カンボジア、インドネシア、マレーシア、フィリピン、韓国にも波及し、軒並み米ドルに対して大幅に値を切り下げる相場展開となりました。

こうしたアジア通貨危機に対する金融支援は、当初IMF（国際通貨基金）、世界銀行、アジア開発銀行などが中心となって行われました。しかし、IMFの支援条件は緊縮財政や高金利政策など厳しいもので、各国のマイナス成長を招き、こうした支援策も金融不安を克服するには至りませんでした。

FRBによる利下げ支援

その中で1998年7月から年末にかけて、FRBは政策金利のFFレートを5.50％から4.75％まで切り下げ、日欧の中央銀行もFRBと同様に利下げを行いました。この場合も、FRBが利下げを先行させて日欧の中央銀行が追随する形となり、実質的にFRBが金融支援の主導権を握っていたといえます。

アジア通貨危機で、日本や中国が同じアジア地域であるにもかかわらず、韓国や東南アジア諸国のように大きな影響を受けずに済んだことは、国際金融のトリレンマの観点から見ても理解できます。

日本はトリレンマの3つのうち固定為替レートを、中国は自由な資本移動を、それぞれ放棄していたため、アジア通貨危機の波及から逃れられたのです。

この意味で、韓国や東南アジア諸国は、為替の固定相場制度をとっている中で、資本移動と金融政策も明確に放棄していなかったため、3つとも同時に成り立つことはない、という経済原理によって為替の固定相場制度から崩壊していったといえます。

FRBは、この後も2007〜2009年の世界的な金融危機や2020年の新型コロナウイルス対策を通じて、通貨スワップラインの拡充、銀行の資本規制、協調利下げ、為替市場への協調介入などの政策を主導してきました。

FRBの国際的影響力を見る③
──議長発言により新興国に打撃

議長の発言が影響を与えた背景

　ここまで、国際経済における米ドルの基軸通貨としての機能と、それに基づいて国際金融を支えるFRBの影響力の大きさを見てきました。しかし、逆にFRBが発端となって国際経済に混乱を招いた例もあります。

　2013年5月、当時のバーナンキFRB議長が量的金融緩和策（Quantitative Easing）の縮小を示唆したため、市場が大きく反応したことがありました。

　第1章でも少し触れましたが、その量的金融緩和策とは何だったのでしょうか。

　2007〜2009年にかけて、米国を起点に世界的な金融危機が起こった後の金融政策は、従来の政策金利を下げる方法では対応できなくなりました。金利が下限に到達したためでした。

　そこで米国は、対応策としてこの量的金融緩和策を2008年11月より始めました。具体的には、長期国債や住宅ローン担保証券（MBS）を中心に市場から債券を購入することで市場にお金を増やして市場金利を低く抑え、経済の回復を促そうという政策です。

　MBSは、不動産（とくに住宅）に関連するローンやその他の債務からなる証券です。これらの証券は、複数の住宅ローンを1つのプールにまとめ、投資家に売却されます。投資家は、証券を購入することで、住宅ローンから得られる利息と元金の支払いに対する権利を得ます。

　MBSは、住宅ローン市場に資金を供給するための１つの方法であり、銀行やその他の金融機関が新しいローンを提供し続けることができるようにします。

　ただし、MBSはリスクも伴います。住宅ローンの借り手が返済不能に陥ると、投資家は元本や利益の一部を失う可能性があります。実際に2008年は、リスクの高い住宅ローン担保証券が引き金になり、金融市場に大きな問題を引き起こしました。

　なお、MBSが金融緩和策の購入対象資産に選ばれたのは、128ページ図のような理由からです。

議長による量的金融緩和策縮小の示唆で相場が急落

　こうして2008年11月に始まったFRBによる量的金融緩和策は、先に示した2013年のバーナンキ議長による発言で、終了の思惑が市場を駆け巡りました。

　バーナンキ議長は2013年５月22日の上下両院合同経済委員会の議会証言で、その時点で長期国債を月額450億ドル、MBSを月額400億ドルだった債券の購入ペースを拡大あるいは縮小させる準備があると発言したのです。

　さらに同年６月のFOMC後の記者会見で、「現時点で年内に証券購入のペースを緩やかにするのが適切」と発言し、その後も想定通りの景気回復であれば、「来年前半にかけてさらに購入ペースを緩め、来年半ばに証券購入を終了」と具体的な計画に言及しました。

　ここまで具体的な金融緩和策の縮小は市場で織り込んでいなかったため、NYダウは急落し、翌週にかけて約400ドル下落しました。量的金融緩和策の縮小は、それまで低金利と中央銀行による市場への流動性供給により上昇してきた株式相場には悪材料です。市場ではこれまでの逆

■住宅ローン担保証券（MBS）が量的金融緩和策で選ばれた理由

1．2008年の金融危機への対応（金融市場への効果）
2．住宅ローン金利の上昇抑制による家計の負担軽減（家計への効果）
3．銀行のバランスシート健全化の促進（銀行への効果）
4．住宅市場の回復（住宅市場への効果）

1．2008年の金融危機への対応（金融市場への効果）

　FRBによるMBSの購入は、MBS市場の信用リスクを軽減し、市場の流動性を回復させる狙いがありました。したがってMBSに注目すれば、この金融緩和策を質的金融緩和策（Qualitative Monetary Easing/Qualitative Easing）ともいうことができます。

2．住宅ローン金利の上昇抑制による家計の負担軽減

　MBSは住宅ローン債権を証券化したものです。またFRBによるMBSの購入は、MBSの利回りを低位安定化させます。したがって、MBSに起因する住宅ローン金利の上昇は抑制され、家計の負担軽減につながります。

3．銀行のバランスシート健全化の促進

　MBS市場が安定すれば、質的に銀行のリスク軽減が増すと同時に、量的にも新規の貸し出し拡大が可能になり、銀行経営の健全化に寄与します。

4．住宅市場の回復

　住宅ローン金利の低下や銀行の貸し出し意欲の向上は、住宅市場の活性化を促します。住宅市場は経済波及効果の大きな市場であり、住宅市場活性化の好影響は米国経済の広範囲に及ぶと考えられます。

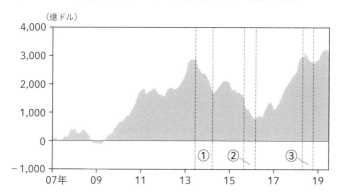

■2013年バーナンキ議長発言による新興国からの資金流出

（億ドル）

（注）EPFR Globalが集計する新興国ファンドへの資本フロー（債券・株式合算ベース）
の2007年からの累積額。①（2013年5月～2014年3月）、②（2015年8月～2016
年2月）、③（2018年4月～9月）は、それぞれテーパー・タントラム、チャイナ・
ショック、2018年4月～に対応する資本流出局面。直近は2019年5月。
（日銀レビュー「新興国への資本フローを巡る動向」2019年7月より）

の動きが始まるとの思惑が広がり、株式を売る動きが強まって相場下落
につながったのです。

　また、5月のバーナンキ議長の議会証言以前には、1％台半ばで推移
していた米国10年国債利回りも、5月、6月と続いたバーナンキ議長の
発言を受けて2％台後半へ上昇しました。

　それまで続いた金融緩和策は、それ自体、債券相場への追い風、すな
わち相場上昇と利回り低下につながっていたのです。しかも、この時点
では金融緩和策といっても量的金融緩和策が行われており、長期国債が
直接オペレーションの対象として購入されていました。それだけ長期金
利を強く押し下げる力が働いていたので、緩和縮小による逆の動きとな
れば金利上昇圧力も強く働きます。

　また為替市場でも、ドル円相場が一時上昇（円安・ドル高）したもの
の、ドル円に関しては大きなトレンドにはなりませんでした。これは日
本が、かつて通貨危機を招いた新興国のように、固定相場制を維持しよ

うとしたり、ファンダメンタルズ（インフレ率、対外債務、経常収支など経済の基礎的条件）が悪化している状況ではなかったためです。

　裏を返せば、新興国経済にとってFRBによる金融緩和縮小といった政策変更の思惑は大きな懸念材料になります。

　投資家は、米国長期金利の上昇による投資機会を求めて、新興市場から米国内に資金を移動させました。その結果、幅広い新興国市場の通貨が下落し、新興国市場の市場金利が上昇するという動きが顕著になりました。これは、先に述べたメキシコ通貨危機やアジア通貨危機と同じ仕組みです。新興国経済の構造的な問題を浮き彫りにしたのです。

　このように、FRB議長の発言が市場に与える影響は非常に大きく、新興国にとどまらず、世界中の金融・資本市場の相場が大きく揺れやすくなったのです。すなわち、国際金融市場全体の不安定性が増したといえます。

　この2013年に起こった市場の混乱を指して「テーパー・タントラム」（taper tantrum）と呼びます。これは、FRBの金融緩和策縮小の影響を端的に言い表した言葉です。"taper tantrum"とは、"taper"（縮小）すなわち量的緩和（QE）政策の縮小によって、"tantrum"（かんしゃく）すなわち金融市場の急激な動きが引き起こされたことを意味します。

　英語の日常表現である"temper tantrum"（かんしゃく）に掛けた言葉で、突然感情が爆発し、叫んだり泣いたりする様子を指し、とくに子供に関して使います。

　まさに、FRB議長の言葉に神経質で感情的な動きを示す市場の様子をよく言い表しており、言葉だけでもFRBの国際金融市場における影響力が大きいことを表す例だといえます。

FRBの国際的影響力を見る④
——議長のタカ派転換によるドル高・株安・金利上昇

タカ派でもハト派でもなかったパウエル議長

　市場がFRBの影響力を重要視していることがわかる、もう１つの例を挙げます。2021年11月30日に米上院で行われたパウエルFRB議長による議会証言です。証言内容が、これまでの政策を修正するものだったのです。

　パウエル議長は、米経済の強さとインフレ懸念の高まりを強調するとともに、「新型コロナウイルスの変異が雇用と経済活動の下振れリスクとなり、インフレ懸念を高めている」と発言しました。

　新型コロナウイルスによる下振れリスクについて触れるのは、これが初めてではありません。ただこれまでは、「だから景気下振れリスクがあり利上げには慎重」だったのです。

　しかし今回は、モノやサービスの供給が止まるか減少して需要に追いつかないため、「インフレ懸念が高まる」ことを強調したのでした。引き合いに出す現象が同じでも「だから〜である」と主張する結論の部分が異なりました。

　これはまったく予想外の出来事で、議会証言の直後は市場に激震が走りました。NYダウ、米国債ともに相場が急落、市場金利が急上昇したのです。NYダウは３万5000ドルから３万4000ドルへ１日で約1000ドルの急落となりました。FRBはそれまで、景気の上振れと下振れの両方を警戒するバランスの取れた見解を示していました。インフレは一時的であり本格的な利上げは必要ないとの立場だったのです。

とくにパウエル議長がハト派でもタカ派でもなく中立的な立場と見られていたため、この議会証言は警戒心のなかった市場にとってまさに「聞いていない」「寝耳に水」だったわけです。

　ただ、新興国に関しては、過去何回も繰り返した通貨危機の例があるため、メディアや市場関係者の中にはリスクの増大を指摘する意見もありましたが、実際には過去に起きたような大きな市場変動はありませんでした。

　この理由はいくつか考えられます。1つには、IMF（国際通貨基金）のデータよると2022年の上半期における新興国の外貨準備が大きく減少しているため、新興国が自国通貨を買い支えるため積極的な為替市場介入を行ったことが考えられます。また過去の例から、通貨スワップラインやIMFの融資などの支援体制も充実してきているため、通貨投機資金の大きな動きが抑えられたためとも考えられます。

　一方で米国内の市場は、このパウエル発言とその後のFRBによる連続利上げで、長期トレンドで見るとNYダウの上昇頭打ちと米長期金利の上昇加速は明確になりました。そして、このFRBの動きは世界の金融市場の局面を変えることになり、G7各国の中央銀行やECB（欧州中央銀行）は同様の連続利上げの動きが強まりました。

　もちろん、各国ともインフレが進んだため、国内政策として利上げを行ったのですが、FRBの利上げも強く意識されたはずです。

　かつて多くの新興国が行っていた米ドルに対する自国通貨の固定相場制度では、過去の例で見たように、自国の経済政策を決定する裁量の余地は基本的にありませんでした。今回は、かつてのような固定相場制はありません。それでも、「国際金融のトリレンマ」からいえるのは、G7各国やユーロ圏とも「自由な資本移動」のもとで「為替相場の安定」を守ろうとすれば、「金融政策の自主性」の犠牲をある程度容認する、つ

■ パウエルFRB議長発言の要旨

（「パウエル議長議会証言」（米連邦議会上院　銀行・住宅・都市問題委員会）より
抜粋　2021年11月30日）

- 11月のFOMC後に、資産購入の縮小を始め、12月のFOMCでそのペースを加速することを決めている。資産購入によるバランスシート拡大の3月上旬終了を、1月のFOMCで見極めることを再確認している。

- インフレ率はこれまで2％を優に超える期間が長く、平均すると2％である。したがって、普通は短期的な意味で使われる「一時的」という言葉を、FRBは「インフレ高進が経済に恒久的な影響を与えるものではない」という意味で使ってきた。この言葉を使わずに、明確に意図が伝わるように説明する時期になっていると思う。

- 現在の物価上昇は、パンデミックや経済の再開に直接起因する需給バランスの不均衡に関係する。また直近数か月で経済全体に広がり、インフレ高進リスクは高まっている。

- インフレは、来年にかけて需給バランスの不均衡が縮小するため、かなり鎮静化する。ただ、供給制約の影響がどれほど残るかは予測困難だが、インフレ圧力は来年も見られるだろう。しかも、労働市場の改善は著しく、スラック（需給の弛み、ミスマッチ）は減少し、賃金上昇は急速になっている。

まりFRBの政策は無視できないのです。

　パウエル議長が、なぜ2021年11月の議会証言というタイミングでタカ派に転じたのか、その明確な理由は不明です。パウエル議長は、ジョージタウン大学で法律を学んだ弁護士で、財政の研究者や民間投資の共同経営者などを経て、財務省で様々な政策に携わりました。2012年にFRB理事に任命され、2018年2月にFRB議長となりました。

　元々、金融政策の専門家ではなかったため、理事時代にはタカ派・ハト派どちらとも見なされず、中立的立場と見られていました。もちろん、

議長だから必ず中立というわけではなく、イエレン現財務長官の場合は
FRB議長時代にはハト派と見られていました。それだけに、パウエル
議長の場合、なぜ2021年11月の議会証言で急にタカ派に転換したのか大
きな疑問は残ります。

　いずれにしても、今回のようなケースで、仮にパウエル議長が元々タ
カ派だった場合は、市場がある程度利上げの可能性を織り込んでいるは
ずです。したがって驚く程度も弱く、NYダウでいうと今回のような
1000ドルの急落ではなく、500ドル、600ドルといった下げ幅で済んだの
かもしれません。
　逆に元々ハト派だった場合には、下げ幅は今回以上に拡大していた可
能性もあります。
　今回はパウエル議長の中立をあらかじめ織り込んでいた中でのタカ派
転換だったので、市場が大きく動いたのですが、その他のFOMCメン
バーについても同様のことがいえます。
　各メンバーがハト派かタカ派かについては、関連図書やネット検索し
た専門機関や専門家の資料で、ある程度のことはわかります。また、個
人投資家を含めた市場関係者が金融市場の相場展開を占うためには、日
頃から常にメンバーの発言を追うことも重要です。
　そして、こうしたタカ派・ハト派の区別に役立つのが、第2章で説明
した「FOMC経済見通し」のFOMC参加者19名による政策金利見通し
のドットチャートなのです（70ページ）。

　以上見てきたように、FRBの世界経済への影響は大きく、第二次世
界大戦後から現在に至るまで常に国際的な金融政策の中心に位置づけら
れます。
　第二次世界大戦後の国際金融の枠組みは、ブレトン・ウッズ体制から

始まりました。これは、各国通貨が米ドルに固定相場でリンクし、さらに米ドルが固定相場で金価格にリンクし、最終的にはすべての通貨が金と交換できる仕組みでした（23ページ）。

それ以前は、各国通貨が個別に金本位制を採用していたものの、英ポンドが基軸通貨としての地位を維持していました。英ポンドの場合は、米ドルのように金にリンクさせる金ドル本位制のような通貨制度があったわけではありません。

それでも英ポンドが基軸通貨として使われていた背景には、産業革命後のイギリスの経済発展と政治的安定性、広範な植民地や19世紀から20世紀初めにかけて確立した、世界の金融センターとしてのロンドンの地位がありました。世界中に英ポンドの流通が拡大する環境は十分にあったのです。

したがって、米ドルの場合も、1971年に金との交換停止により、その裏付けを失ったものの、政治・経済・軍事における国際的な優位性を背景に、その後も金と交換の保証がない不換紙幣のまま基軸通貨としての地位を確立してきたのです。

米ドルが金との交換を停止して、最終的にはほとんどの国が変動相場制を導入するようになりました。変動相場制といっても、貿易や資本取引を行ううえでは、為替レートの急激な変動は望ましくありません。

国際金融のトリレンマで述べたように、為替レートの安定化と国際資本の流動性確保を目指すには、各国が独自の金融政策にこだわるのではなく、政策協調を行うことが不可欠です。これは、ブレトン・ウッズ体制崩壊後に、何度も経験した通貨危機から学んだことです。

FRBが世界経済の中で
果たしている役割

基軸通貨を提供できるFRB

　第4章の最後に、FRBが世界経済の中で果たしている役割を、これまで述べてきたこと以外も含めてまとめると、以下のようになります。

1．通貨スワップラインによる米ドルの流動性供給
2．バーゼルⅢ実施支援による金融システム健全化
3．デジタル通貨導入の研究
4．IMFと協調した金融支援
5．財務大臣・中央銀行総裁会議(G7・G20)による政策協調や金融支援

　「通貨スワップライン」（通貨スワップ協定）は、新興国通貨危機や2007〜2009年の世界的な金融危機、2010年以降の欧州債務危機などで、通貨の国際的な流動性を確保するために拡大してきました。

　最近では、2020年の新型コロナウイルスによるパンデミックが世界経済に大きな影響を与え、金融市場の機能低下や資金調達難といった状況が発生したため、こうした危機に対処する目的で中央銀行の通貨スワップラインが設立され、広がった経緯もあります。

　通貨スワップラインの拡大は、為替リスクのない外貨の調達が可能になる点で、国際金融市場の安定化に寄与します。とくに、自国通貨が国際的に信用度や流動性が低く、それほど流通していない国は、通貨スワップラインを締結することで外貨の調達が容易になるというメリットが

あります。逆にいえば、基軸通貨の米ドルを提供できるFRBの役割は大きく、国際金融の枠組みでは主導権を握っていることになります。

各国中央銀行との連携ができる

「バーゼルⅢ」とは、国際業務を営む銀行の自己資本比率や流動性比率などの統一基準を定めた国際的な同意です。バーゼル（スイス）の国際決済銀行（BIS）内に事務局を置く、バーゼル銀行監督委員会が内容を公表しています。バーゼルⅠ（1988年策定）、バーゼルⅡ（2004年策定）を経て、バーゼルⅢは2017年に合意されました。

かつては、「BIS規制」あるいは「銀行の自己資本規制」などと呼ばれていました。しかし、2007年以降の世界的な金融危機を経て、預金の引き出しなどの資金繰りに備えるため流動性規制を設けるなど、規制の範囲が自己資本規制以外にも広がりました。したがって、現在は「バーゼルⅢ」がこの基準を指します。

FRBは、中央銀行として米国内の大手銀行に対してバーゼルⅢの遵守を監督する権限を持つのはもちろんですが、国際的にも重要な役割を果たしています。

基軸通貨米ドルの決済が集中するのは、世界最大の金融センターニューヨークです。その管轄はニューヨーク連邦準備銀行であり、同行はFRBによる金融政策の実働部隊です（32ページ）。各国の中央銀行や銀行監督機関と情報提供などで連携しながら、FRBが積極的に関与することで、バーゼルⅢは効果的に実施されるようになります。

中央銀行デジタル通貨を主導

「中央銀行デジタル通貨」（CBDC、26ページ）の普及に関しては、現時点でFRBは具体的な決定を行っていません。世界的に、ビットコインやイーサリアムなどの暗号通貨が普及していく中で、中央銀行も金融

取引の効率化や国際送金のコスト削減など、暗号通貨のもたらす恩恵を無視できない状況になっています。こうした背景の下、中央銀行デジタル通貨（CBDC）を各中央銀行が検討するようになっています。

CBDCのメリットは、市中銀行を介さずに取引ができるため、銀行口座を持っていない人でも恩恵を受けられる点にあります。この点では、従来の通貨、紙幣・硬貨と同じです。さらに国内外に送金する場合でも、市中銀行を通した送金に比べれば、大きくコストを削減することができます。

ただし、デジタル通貨はインターネット上で取引が行われるため、不正アクセスやサイバー攻撃にさらされるリスクがあります。

FRBは、メリットとデメリットの双方から検討する余地があると考えています。FRBの議長や理事などの幹部の発言からも、CBDCが米ドルの国際的地位の維持に役立つ可能性があるという意見と、長期的にはリスクのほうが大きいという否定的な意見の両方があり、明確な方向性は定まっていません。

しかし、デジタル通貨に関しても、国際決済通貨としての主導権争いが顕著になりつつあります。米ドルを中心に国際決済通貨の決済システムはSWIFT（115ページ）が主要インフラです。過去に政治的対立から、特定の国をSWIFTにアクセスできないようにする例が繰り返し起こったため、こうした状況に陥ることを避けようとする国は、CBDCの導入に積極的になることが考えられます。

IMFとの連携力

「国際通貨基金」（IMF）に対する協力も、FRBが世界経済の中で担う大きな役割です。

IMFとは、1944年のブレトン・ウッズ会議で創立が決められた国際機関です。加盟国の為替政策の監視や国際収支が悪化した加盟国に対す

る融資を通じて、貿易の促進、雇用と国民所得の増大、為替の安定を目指すこととしています。

FRBも他の中央銀行と同じように、IMFの勧告を参考にして国内の金融政策を実施します。またFRBの役割は、金融危機の際にIMFが加盟国に緊急融資を実施するのに対して、FRBは短期的な金融支援や個別の金融機関を支援してIMFと連携します。

したがって、国際的な金融危機の場合、通貨スワップラインやドル決済が行われるニューヨークの金融市場を通じて、FRBの果たす役割や影響力は大きいといえます。

ますます強まるFRBの力

また、財務大臣・中央銀行総裁会議（G7・G20）に対してもFRBが事実上の政策の主導権を持っています。

前述したように、2008年前後の世界的な金融危機の際は、FRBはG7の中央銀行にスイスの中央銀行を加えた5行を対象に通貨スワップラインを締結しました。

この時は、世界的に基軸通貨のドル需要が高まったため、FRBの存在感はとくに大きいものがありました。

また各国の中央銀行は、こうした金融危機の際のみならず、平時よりFRBの金融政策には注意を向けざるを得ません。もちろん、FRBとは関係なく国内または世界経済の情勢から政策を策定するのが建前です。しかし、すでに見てきたように、FRBの決めるFFレートと自国の金利差が拡大もしくは縮小する政策金利を決めると、国境をまたいだ資金の流れに影響を与え、株式、債券、為替市場の相場が不安定になるリスクがあります。

最近は、各国中央銀行の政策を決定する会議のスケジュールが、ほぼ同じ時期に設定される傾向にあります（39ページ図参照）。1つには上

述のように、互いに他の国の中央銀行の政策決定を確認し、発表される主要な経済指標を同じタイミングで把握するという目的が考えられます。

また市場参加者から見ても、中央銀行間の政策変更のタイミングが揃えば揃うほど、相場変動の思惑が入る余地が少なくなり、市場の安定化にはプラスに働く、といったメリットも考えられます。こうした理由からも、国際金融においてはFRBが主導権を持っていることがわかります。

第5章

FRBの目的①「雇用の最大化」
「雇用統計」に敏感になると
動きが読める

就業者が増えれば、消費が増え景気がよくなる

アメリカの個人消費はGDPの68%

第1章で見たように、FRBの主な目標は、「雇用の最大化」と「物価の安定」です（15、46ページ）。基本的には、政策金利（FFレート）を操作することで市場金利を変動させ、経済の総需要を調整し、雇用の増加を図るのです。

個々の消費者が商品やサービスを購入する「個人消費」は、米国経済においてGDP（国内総生産）の68％という大きな割合を占めており、経済の発展や生活水準の向上と深く関連しています。

具体的にいえば、新たな家電製品や自動車、服など、消費者が購入する商品やサービスの多様性と質が向上すると、それが人々の生活の質や社会全体の福祉の向上につながるわけです。

そして雇用拡大は、一般に企業が成長し、経済が拡大していることを示すバロメーターになります。

その理由は、企業が新たな人材を採用するためには、企業自身が成長し収益を上げていなければならないからです。つまり、経済全体として雇用が増えるということは、企業活動が良好であり、結果として経済全体の発展につながる好循環が起きていることを意味します。

FRBが雇用の拡大を重視するのは、法的に定められた目標であると同時に、こうした理由もあるのです。

「雇用の最大化」が大事な理由

　また雇用が拡大する、つまり米国内の就業者が増えるということは、新たにビジネスが発展して新規雇用が生まれたり、失業していた人々が新たな就職先を見つけていることを意味します。

　これらの人々が自分たちの労働力を市場に供給することで、人的資源、つまり国の生産能力が増えます。総需要＊（マクロ経済学でいう有効需要）が十分にあることが前提ですが、生産能力が上がればそれだけ国全体の収入、つまりGDPの増加につながります。

＊総需要

　総需要とは、市場におけるすべての消費者の購入意欲の総和を意味します。総需要が十分にあるというのは、消費者が十分な所得を得ていて、商品やサービスに対して十分購入力があるということです。

　例えば、経済が好調で所得が増え、新たに市場に出たスマートフォンやウェアラブルデバイスに対して人々に強い購入意欲がある状況を想像してみてください。

　このような状況では、就業者が増えて生産能力が増えると、それに合わせて市場の商品やサービスの供給量も増えます。そして、それらの商品やサービスが売れると、企業の売上げが増え、それが結果的にGDPの増加につながるわけです。

　さらに、これらの労働者は、自身が得た所得を使って様々な商品やサービスを購入します。この個人消費の増加が、さらに市場全体の需要を押し上げ、それがさらにGDPの増加につながります。

　この流れをより詳しく見ていきましょう。

1　就業者の増加

雇用者数が増えるということは、経済活動に参加する人々の数が増え

■雇用の拡大の効果

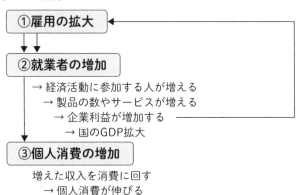

るということです。製造業では製品の製造量が増え、サービス業では提供するサービス量が多くなります。結果として、企業利益の増大につながるため、在庫・設備投資を拡大させ、企業利益の増加につながるという好循環が生まれます。そのため、国全体としての収入（GDP）の拡大が実現します。

2　個人消費の増加

　雇用の拡大は、多くの人が賃金を得ることにつながります。国民全体としても、収入が増えることになります。増えた収入の一部は消費に回ります。したがって、収入が増えれば個人消費が増えます。米国GDPの約70％を占める個人消費が伸びれば、景気拡大に寄与します。

　このように、雇用の拡大は経済全体に好影響を及ぼすだけでなく、非自発的失業者を減らすことになります。政府の社会保障費用の負担が減るばかりでなく、社会不安を小さくし、社会全体の安定性が向上します。FRBが雇用の最大化を目指すのは、こうした理由があるのです。

なぜ「雇用統計」で想像とは 違う方向に相場が動くのか?

とくに重要な3つの経済指標

FRBが注目する「米雇用統計」は、米労働省の労働統計局によって公表されます。その内容は、産業別雇用者数、年齢・人種・学歴別の失業率、失業理由別あるいは失業期間別の失業者数、労働参加率、時間当たりの平均賃金といった項目に分類されます。

毎月の労働市場報告は、以下の公式サイトで確認できます。

https://www.bls.gov/news.release/empsit.toc.htm

雇用統計は、FRBの金融政策を読む際に重要な統計であることはすでに述べました。その中でも以下の3つの指標は、とくに重要です。

①　非農業部門雇用者数

②　失業率

③　平均時給

①　非農業部門雇用者数

「非農業部門雇用者数」は、労働市場全体の雇用環境を見るために用いられる重要な指標です。全体の雇用状況を正確に把握するために、季節変動の大きい農業の雇用状況を除いた統計になっています。金融市場に大きな影響を与えるデータです。

金融市場で注目するのは、雇用者の絶対数ではなく「前月比の増減」です。この増減も、民間予測が事前に出て、ある程度は相場に織り込ま

れているのですが、実際に発表された数値が予測値から乖離していれば
いるほど市場は大きく反応します。

②　失業率

「失業率」の定義は、労働力人口のうち、仕事を求めているが見つけ
られない人の割合です。

計算式で表すと、「失業者数 ÷ 労働力人口 × 100」になります（153
ページ図参照）。

失業者とは、「仕事を探しているが見つけられない人」です。ただし、
「過去4週間以内に仕事を探していること」が条件です。これに当ては
まらない人は、労働人口に入らないため失業者とは見なされません。

基本的には、失業率が大きければ大きいほど労働市場の雇用環境が悪
化しており、逆に小さければ改善しているといえるのですが、このデー
タは前月比の変化というより、「長期的な労働市場の変化のトレンドと
して見られる」ことの多いデータです。

例えば、景気回復過程にあれば、失業率は景気低迷が始まった何年前
と同水準まで改善した、というように見ます。

③　平均時給

「平均時給」というのは、1か月の全労働者の賃金の平均を、1時間
当たりで表示したものです。これは金融市場にとって以下の2つの意味
があります。

①　賃金増加は労働力需要が高まり、景気全体が好循環に入った兆しの
可能性がある。さらに家計の可処分所得の増加につながり、個人消費を
押し上げるプラス要因になる。

■米国の「失業者」と「就業者」と「労働力人口」

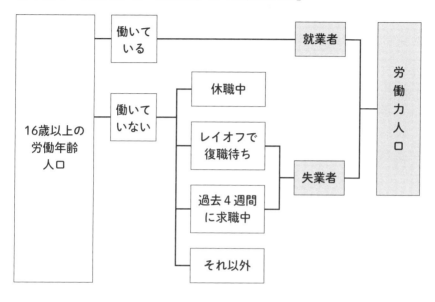

②　賃金の上昇は企業にとって労働コストの上昇を意味するため、その上昇分の商品やサービスへの価格転嫁が進みやすくなり、コストプッシュ型のインフレ要因となる可能性がある。

なぜ結果と違う方向に相場が動くのか

市場関係者から見ると、経済指標はすべて注意を払う必要がありますが、これまでに述べた指標を中心に、雇用統計の結果発表はとくに注視する必要があります。

FOMC経済見通し（SEP）やFOMC声明文、議長記者会見、議事録で見たように、雇用統計はFRBにとって重要な経済指標です。したがって、他の経済指標以上に市場は雇用統計でFRBの動きを先読みしようとします。

例えば、教科書通りであれば、雇用統計で雇用者数が前月より増加し、

失業率が低下すれば、雇用環境が改善しつつあると見て、米国の株価は上昇、長期金利は低下する、といった動きになるはずです。

　実際に、過去数回のFOMCでFRBの金融政策に動きがなく、また目先も変更がないだろうと市場が考えているとすれば、雇用統計の結果は株価上昇、長期金利低下の相場材料の1つです。

　しかし、その時点までにFRBによる市場との対話が進んでいる状況であったり、追加利上げが想定されるような場面では、市場はFRBによる次の一手を読みにいくため、必ずしも先ほど述べたような相場の動きになるとは限りません。

　むしろ、利上げを織り込みにいくため、株価は利上げを嫌気して下落することが想定されます。

　雇用者数の増加でFRBの利上げが想定されるのは、雇用者増加の背景には、経済の過熱によって労働力の需要が増え、賃金が上昇する可能性があるためです。賃金上昇は、インフレ圧力を強め、利上げ要因の1つになります。

失業率より雇用者数が重視される

雇用者数は雇用環境を定量的に表す

　FRBの金融政策を見るうえで、雇用統計の中でも「非農業部門雇用者数」「失業率」「平均時給」の３つが重要であると前項で述べました。ただし、金融・資本市場の動きを見るうえでは、失業率は他の２つほどは重視されません。

　市場関係者が雇用統計などの経済データが公表される瞬間を見守るのは、市場がそのデータの予測値と実際の値の差をあらためて相場に織り込みにいくためです。

　FRBの政策についていえば、金融政策により早く、より大きく影響を与える経済データを重視します。

　雇用統計自体は、景気に対して一致ないしは遅行指標と見られます。景気回復局面で企業が雇用を増やすのは、金融や物流が拡大する動きに比べて後になると考えられるからです。

　それでも、雇用者数の動きは失業率に比べると、より重視されるデータといえます。労働市場の雇用環境を定量的に表す指標だからです。

　それに対して、失業率は定義上、仕事を求めていない人は失業率に反映されませんが、景気が回復してそうした人々が仕事を求めるようになると、労働力人口と失業者の両方の数に入るため、一時的に失業率が上昇するといったことも起こる可能性があります。

　これらの人々が、雇用者数に入るようになれば、失業率は低下して景

気の実態を表すようになります。このように、失業率は景気に対してかなりの遅行性があります。したがって、市場から見ると公表と同時に反応しやすいのは、失業率より雇用者数のほうになります。

平均時給にも注目

また、非農業部門雇用者数の増減と合わせて、「平均時給」が注目されることもあります。それは、次のような場合です。

1　インフレ圧力が高まっているとき
2　求められている労働力に対して労働力が不足しているとき
3　個人消費の伸びが注目されるとき

1　インフレ圧力が高まっているとき

インフレ圧力が高まっているときは、雇用されて働く人の増減だけではなく、平均時給の伸びが注目されます。

それは、賃金の伸びが企業の製品やサービス価格に転嫁されて消費者物価を押し上げる効果があるためです。賃金は企業側から見ればコストです。賃金増加は企業のコスト増加です。このコスト増加を企業内部で吸収できなければ製品・サービス価格に転嫁することになり、消費者物価を押し上げます。

したがって、インフレ圧力が高まりFRBの利上げ観測が高まっているときには、市場は平均時給の伸びを注視せざるを得ません。

2　求められている労働力に対して労働力が不足しているとき

労働力の需要と供給が一致せず、労働力が不足しているときにも、平均時給が注目されることがあります。

労働力不足が平均時給の増加につながる例です。2018年から2019年に

150

かけて、米国の労働市場はこうした状況にありました。米国経済は大きな成長を見せ、失業率は2020年２月には3.4％と50年ぶりの低水準に達しました。そして、製造業、建設業、ヘルスケアなどの産業で労働者不足が問題になりました。

このような状況下では、平均時給の増減が注目されます。賃金上昇は、労働者不足を解消する１つの要因になるからです。

3　個人消費の伸びが注目されるとき

平均時給の伸びは労働者の給料増加なので、可処分所得の増加を通じて個人消費拡大の支援材料になります。したがって、景気が低迷しているときに、個人消費の拡大による景気回復が期待される状況では、平均時給の伸びが注目されることもあります。

ただし、可処分所得のうち消費に回らなかった分は貯蓄に回るため、その割合によって、どれほど消費に影響を与えるかは一概にいえない面もあります。

失業率は、雇用者数ほど市場で相場材料とされることは少ないと述べましたが、FRBが注視することもあります。

米国の失業率は、米国労働省によれば153ページ図のような細かい区分がされています。

この分類のうち、FRBを含めて単に失業率といえば、一般的に「U-3」のことです。すなわち、分母は働く意思のある「労働力人口」で、分子はその分母に含まれる人で、かつ過去４週間に仕事を探していた人になります。

失業率の区分を簡単に書くと、以下のようになります。

U-1：分子が15週以上の長期の失業者

U-2：分子が一時解雇などの短期的な離職者の割合を示す

U-3：分子が過去 4 週間に仕事を探していた人（標準分類）

U-4：現在求職していない、労働力人口から外れている人を分子・分母に加えて計算

U-5：U4に求職していないが働く意思のある人を分子・分母に加算

U-6：U5に現在パートタイム労働者だがフルタイムの仕事を求めている人を分子に加算

　したがって、長期失業者、短期的な離職者、求職をしていない人、パートタイムで仕事をしているが本来フルタイムを望む人の割合の増減が知りたいときには、その目的に応じて、各区分が注目されることになります。

　過去の例では、世界的な金融危機やパンデミック危機の際には、通常の景気循環による変動とは異なった動向を示すことが多いので、労働市場を語る際にFRBが注目することになり、FOMC会合での議論や議長記者会見でU-3以外の分類、とくにフルタイムの仕事についていない人を最も広くカバーする「U-6」の引用が多くなります。

　以下は2020年 6 月開催のFOMC議事録から、雇用関係の記述の部分を引用したものです。

　当時は、世界的なパンデミックが広がり、米国内の大都市でもロックダウンが行われた直後のFOMCで、感染症への危惧や供給網の破綻で、労働市場に労働者が戻ってこないことが問題になっていました。

"Participants pointed to a number of factors to explain the persistence of labor market slack, including the continuation of voluntary social distancing, unusual disruptions to labor markets, and the need for businesses to restructure supply chains and other aspects of their op-

■ 米国の失業率区分

区分	定義
U-1	$$\frac{\text{15週以上の失業者}}{\text{労働力人口}}$$ ※労働力人口は16歳以上人口のうち、働いているもしくは求職中の人。
U-2	$$\frac{\text{非自発的離職者 + 臨時雇用の期間満了者}}{\text{労働力人口}}$$ ※非自発的離職者は倒産、人員整理、雇用契約の満了等による。
U-3	$$\frac{\text{完全失業者}}{\text{労働力人口}}$$ ※完全失業者は働ける状況にあり、過去4週間求職しているにもかかわらず失業している人。
U-4	$$\frac{\text{完全失業者 + 求職意欲喪失者}}{\text{労働力人口 + 求職意欲喪失者}}$$ ※求職意欲喪失者は縁辺労働者のうち、適当な仕事が見つからず現在求職していない人。
U-5	$$\frac{\text{完全失業者 + 縁辺労働者}}{\text{労働力人口 + 縁辺労働者}}$$ ※縁辺労働者は仕事がなく、仕事があればすぐに就くことができ、過去12か月に仕事を探していたものの、この4週間に仕事を探していない人。
U-6	$$\frac{\text{完全失業者 + 縁辺労働者 + 経済的理由による非正規雇用者}}{\text{労働力人口 + 縁辺労働者}}$$ ※経済的理由による非正規雇用者は経済情勢のためにパートタイムで就業している者（1週間の就業時間が35時間未満である者のうち、時間数の増加を希望している者。ただし、自分又は家族の都合により現在短時間就業にある者を除く。）

出所：『通商白書　2022』（経済産業省）

erations."

（FOMC参加者は、労働市場の余剰〈スラック〉が解消しない要因を複数挙げました。自主的なソーシャルディスタンスの継続、労働市場の通常とは異なる混乱、そして企業における供給網やその他運営面での再編の必要性などです）

　ここで使われた「スラック」（slack）という言葉は、元々、縄や綱を引っ張って強く張れる余地がある場合のゆるみのことで、資金や人員などでいうと、まだ使えるのに使われずに遊休状態にあることを意味します。

　ここでは、16歳以上の労働人口には入っているが、働くことをあきらめて、あるいは避けて、労働力人口には入らない人のことを指します。

　その場合は、上のU-4を見ることになります。ただし、スラックという言葉のとらえ方によっては、U-5やU-6を見たほうがよいかもしれません。

　いずれにしても、こうした状況では賃金の伸びや失業率などは、労働市場のスラックを前提に見る必要があります。労働参加率とともに、上記のU-1〜U-6までの分類が注目されるようになります。

FRBは雇用統計の
どこを見ているのか

「労働参加率」もFRBにとって重要

　FRBが雇用に関してどの部分に注目しているのか、実際のFOMC議事録に沿って見てみましょう。

　以下は、2023年5月2日から3日にかけて開催されたFOMCの議事録から雇用関係のデータについて記述している部分を抜き出したものです。

"The pace of increases in total nonfarm payroll employment slowed in March but was still robust, and the unemployment rate ticked down to 3.5 percent. The unemployment rate for African Americans fell to 5.0 percent, and the jobless rate for Hispanics dropped to 4.6 percent."
（非農業部門の総雇用者数の3月の増加ペースは減速するも依然として堅調、失業率は3.5％に低下しました。アフリカ系アメリカ人の失業率は5.0％に下がり、ヒスパニックの失業率は4.6％に下がりました）

"The aggregate measures of both <u>the labor force participation rate and the employment-to-population ratio</u> edged up. The private-sector job openings rate — as measured by the Job Openings and Labor Turnover Survey — moved down markedly during February and March but remained high."
（労働参加率と雇用率の総合的な指標はわずかに上昇しました。一方、求人労働異動調査（JOLTS）によると、民間部門の求人率は2月と3

月に大幅に低下しましたが、依然として高い水準を保っています）

「**労働参加率**」（the labor force participation rate）という用語も、FOMC関係の文書、議長や理事の記者会見、講演、議長の議会証言などでよく使われる言葉です。

　以下が、その定義です。分子の人々は、労働力人口に入っている人の数を示すので、失業率計算式の分母と同じです。

・労働参加率＝（雇用されている人々の数＋積極的に仕事を探している失業者数）／16歳以上の労働年齢人口

　一方、「**雇用率**」（the employment-to-population ratio）は以下の通りです。

・雇用率＝雇用されている人々の数／16歳以上の労働年齢人口

　上記の議事録の記述では、労働参加率と雇用率の双方ともに微増した、となっているので、仕事を探していなかった人が探し始めて短期間のうちに雇用された、という可能性もあります。

　その場合は、すでに述べたように一時的な失業率上昇要因になることもあります（149ページ）。ただ、この例で実際に公表されたデータでは、やや低下しています。

　FRBが労働参加率に注目する理由は、それが労働市場の健全さと経済全体の活力を示す指標になるためです。

　雇用者数や失業率の変化だけを見ても、労働市場の実態はわかりにくい面があります。例えば、2008年から2009年にかけて米国経済を大きく縮小させた世界的な金融危機の後の回復局面でも、失業率が回復した割

には労働参加率がそれほど回復しない時期がありました。

これは、経済の失速があまりにも大きかったため、通常の景気循環的な離職・解雇とは異なった状況が生じ、人々が労働市場から離脱する状態、つまり仕事を探すのをやめてしまう状態が広がったためといえます。まさに、労働市場の健全さや経済全体の活力が失われていたのです。

また、2020年に顕著になった新型コロナウイルスのパンデミックは、世界経済に大きな衝撃をもたらし、とくに労働市場に与えた影響は甚大でした。

パンデミック対策として、都市のロックダウンや社会的距離の維持などの措置が導入され、非常に多くの企業がビジネスの大幅な縮小、あるいは拠点の撤廃を余儀なくされた結果、大量の失業者が発生しました。この結果、失業率が急上昇したのです。

以上、あげた例では労働参加率が伸び悩むことになりました。この動きは、労働市場の中で失業者だけを見ていては追うことはできません。したがって、FRBにとっては労働参加率も政策立案に欠かせない指標なのです。

"Recent measures of nominal wage growth continued to ease from their peaks recorded last year but were still elevated. Over the 12 months ending in March, average hourly earnings for all employees rose 4.2 percent, well below its peak of 5.9 percent a year earlier. Over the year ending in March, the employment cost index（ECI）for private-sector workers increased 4.8 percent, down from its peak of 5.5 percent over the year ending in June of last year."

（最近の名目賃金成長率は昨年記録したピークから緩やかに減速し続けていますが、まだ高水準にあります。3月までの12か月間で、全従業員の平均時給は4.2％上昇しましたが、これは前年の同期に記録したピー

クの5.9％を大きく下回ります。3月までの1年間で、民間部門労働者の雇用コスト指数〈ECI〉は4.8％増加しましたが、これは昨年6月までの1年間に記録したピークの5.5％から下落しています）

「雇用コスト指数」と「平均時給」を見る

　上の例では、「雇用コスト指数（ECI）が増加した」という表現が出てきます。「**雇用コスト指数**」（**ECI**, Employment Cost Index）というのは、米国労働者の賃金と福利厚生コストの変化を追跡するための統計指標で、アメリカ労働統計局（BLS）が公表しています。

　ECIがカバーするのは、賃金、給料、福利厚生（健康保険、退職金、有給休暇など）のコストです。労働者1人当たりの雇用コストの変動を包括的に見ることができます。

　平均時給の伸びは、インフレ圧力を見る指標であることはすでに述べた通りです（146ページ）。

　一方で、この雇用コスト指数も平均時給同様に注目されます。賃金は雇用コスト指数の構成要素なので、賃金が伸びれば雇用コスト指数が上昇する一因になります。ただ平均時給のほうが、労働市場の需給状況を反映しやすく、労働者の可処分所得の伸びがわかりやすいという面もあります。

　雇用関係や個人消費市場への影響を見る場合には、平均時給を重視することになります。一方で、雇用コスト指数は企業にとってのコスト（人件費）を包括的にとらえるので、賃金インフレの兆候をとらえるという意味では、適しているかもしれません。

　ただ、雇用コスト指数は毎月ではなく、四半期ごとの公表になるので速報性に欠けます。その場合は、毎月公表される「平均時給」を見ます。長期的な視点では、こうした問題点はなくなるので、双方を比べて賃金の増減なのか、福利厚生の増減なのかを分析することが可能になります。

第6章

FRBの目的②「物価の安定」
物価についてどう見ているのか

FRBの目指す
「物価の安定」とは何か

物価の目標は2%

　FRBの2大政策目標のもう1つが「物価の安定」です。

　物価が安定しなければ、企業の事業計画も家計の収支計画も容易に策定できなくなり、持続的な経済成長の達成が難しくなります。したがって、物価の安定は企業の投資リスクを小さくしたり、家計の収入減少や支出増大といったリスクを抑えて、経済全体として健全な成長を支えることにつながります。

　景気や物価の指標には、**「個人消費支出」**（**PCE,** Personal Consumption Expenditures）があります。

　そして、これとは別に、**CPI**（Consumer Price Index）と呼ばれる**「消費者物価指数」**があります。

　どちらも市場関係者に注目される重要な指標ですが、第2章で述べたようにFRBは基本的に個人消費支出（PCE）を用いて政策決定に必要なインフレ率を監視します。

　インフレ率の変化を見るために、PCEインフレーション（55ページ）という指標を使って、インフレ圧力がどの程度高まっているのかを判別します。

　FRBが公表している "Statement on Longer-Run Goals and Monetary Policy Strategy"（長期目標と金融政策戦略に関する声明文）を読むと、物価目標を2％とすることが明記されています（163ページ図）。

この「長期目標と金融政策戦略に関する声明文」は、連邦議会が策定した連邦準備法とFRBの政策に整合性を持たせ、広く一般に公表する目的があります。

15ページで述べたように、1977年の法改正で「雇用の最大化」「物価の安定」「適正な長期金利」の３つをFRBの政策目標とすることが法的に定められました。またFRBは、FOMC（連邦公開市場委員会）ごとに金融政策の方針を具体的に公表しています。

ただ毎回のFOMCでは、その時点の経済環境や具体的な金融政策といった短期的な情報に重点が置かれるため、そのままでは政策の根拠となっている法律との整合性が見えにくくなります。

そこでその間の空白を埋めるために、毎回のFOMCとは別に、この声明文が作成されました。FRBが政策の根拠となる法律をどのように解釈しているか、そのためにどのような行動のフレームワークを持っているのかを、誰が見ても理解できるようにしているのです。

この声明文は、2012年１月に初めて公表され、それ以降2020年まで毎年FOMCによって変更の有無が公表されてきました。

2020年には、FOMCがその金融政策戦略、政策ツール、コミュニケーションの実践について包括的かつ公開のレビューを行った結果、声明に改訂が加えられました。

FOMCは、このようなレビューを約５年ごとに行う予定にしています。改訂された場合でも、「雇用の最大化」と「物価の安定」というデュアル・マンデートについての説明は変わりありません。

この中で、FRBは公式に２％の物価目標や、その目標水準が安定して続くように金融政策を運営するという「フォワードガイダンス」（22ページ）を定めているのです。

"The Committee reaffirms its judgment that inflation at the rate of 2 percent, as measured by the annual change in the price index for personal consumption expenditures, is most consistent over the longer run with the Federal Reserve's statutory mandate."

（FOMCは、PCE価格指数で見た2％のインフレ率が、長期的には法的に定められたFRBの責務に対して、最も整合性が取れることを再確認します）

"The Committee judges that longer-term inflation expectations that are well anchored at 2 percent foster price stability and moderate long-term interest rates and enhance the Committee's ability to promote maximum employment in the face of significant economic disturbances."

（FOMCは、2％に確立された長期的なインフレ期待が、物価安定と適正な長期金利水準につながり、大きな経済的変動が生じた際に、雇用の最大化を促進しようとするFOMCの政策能力を強化すると判断します）

　第1章で、「物価の安定」と「雇用の最大化」がFRBの2大責務として連邦準備法（Federal Reserve Act）に定められていることを述べましたが、この2つと並んで、もう1つ「適正な長期金利水準」の達成という目標が、この法律では定められています。

　しかし、通常はFRBの法的な目標として「物価の安定」と「雇用の最大化」が一般に言及され、FRB自身もそのように定めています。

　しかし上の引用部分では、法律に定められた3つの目標にそのまま触れています。2％水準の長期的なインフレ期待が、この3つの目標達成のために資する、というわけです。

■長期目標と金融政策戦略に関する声明文

Statement on Longer-Run Goals and Monetary Policy Strategy
Adopted effective January 24, 2012; as reaffirmed effective January 31, 2023

The Federal Open Market Committee (FOMC) is firmly committed to fulfilling its statutory mandate from the Congress of promoting maximum employment, stable prices, and moderate long-term interest rates. The Committee seeks to explain its monetary policy decisions to the public as clearly as possible. Such clarity facilitates well-informed decisionmaking by households and businesses, reduces economic and financial uncertainty, increases the effectiveness of monetary policy, and enhances transparency and accountability, which are essential in a democratic society.

Employment, inflation, and long-term interest rates fluctuate over time in response to economic and financial disturbances. Monetary policy plays an important role in stabilizing the economy in response to these disturbances. The Committee's primary means of adjusting the stance of monetary policy is through changes in the target range for the federal funds rate. The Committee judges that the level of the federal funds rate consistent with maximum employment and price stability over the longer run has declined relative to its historical average. Therefore, the federal funds rate is likely to be constrained by its effective lower bound more frequently than in the past. Owing in part to the proximity of interest rates to the effective lower bound, the Committee judges that downward risks to employment and inflation have increased. The Committee is prepared to use its full range of tools to achieve its maximum employment and price stability goals.

The maximum level of employment is a broad-based and inclusive goal that is not directly measurable and changes over time owing largely to nonmonetary factors that affect the structure and dynamics of the labor market. Consequently, it would not be appropriate to specify a fixed goal for employment; rather, the Committee's policy decisions must be informed by assessments of the shortfalls of employment from its maximum level, recognizing that such assessments are necessarily uncertain and subject to revision. The Committee considers a wide range of indicators in making these assessments.

The inflation rate over the longer run is primarily determined by monetary policy, and hence the Committee has the ability to specify a longer-run goal for inflation. The Committee reaffirms its judgment that inflation at the rate of 2 percent, as measured by the annual change in the price index for personal consumption expenditures, is most consistent over the longer run with the Federal Reserve's statutory mandate. The Committee judges that longer-term inflation expectations that are well anchored at 2 percent foster price stability and moderate long-term interest rates and enhance the Committee's ability to promote maximum employment in the face of significant economic disturbances. In order to anchor longer-term inflation expectations at this level, the Committee seeks to achieve inflation that averages 2 percent over time, and therefore judges that, following periods when inflation has been running persistently below 2 percent, appropriate monetary policy will likely aim to achieve inflation moderately above 2 percent for some time.

Monetary policy actions tend to influence economic activity, employment, and prices with a lag. In setting monetary policy, the Committee seeks over time to mitigate shortfalls of employment from the Committee's assessment of its maximum level and deviations of inflation from its longer-run goal. Moreover, sustainably achieving maximum employment and price stability depends on a stable financial system. Therefore, the Committee's policy decisions reflect its longer-run goals, its medium-term outlook, and its assessments of the balance of risks, including risks to the financial system that could impede the attainment of the Committee's goals.

The Committee's employment and inflation objectives are generally complementary. However, under circumstances in which the Committee judges that the objectives are not complementary, it takes into account the employment shortfalls and inflation deviations and the potentially different time horizons over which employment and inflation are projected to return to levels judged consistent with its mandate.

The Committee intends to review these principles and to make adjustments as appropriate at its annual organizational meeting each January, and to undertake roughly every 5 years a thorough public review of its monetary policy strategy, tools, and communication practices.

では、なぜ「2つ」の目標で、「3つ」ではないのでしょうか。その理由は以下の2つが考えられます。

① 「適正な長期金利」というのが、具体的な水準を数値で定めるのが難しいこと
② 長期金利は中央銀行が操作して決められるものではないこと

「物価の安定」や「雇用の最大化」であれば、程度の問題はあっても方向性は同じなので対応可能で、問題となることはそれほどないと考えられます。しかし、「適正な長期金利」というのは、何をもって「適正」というのかは意見が分かれるところです。

しかも、この意見が分かれる理由でもあるのですが、長期金利はFFレートのような短期の政策金利と異なり、政策当局が一定水準に誘導するのは本来不可能です。それは長期金利が以下の要因で決まるからです。

1．将来の短期金利予想
2．インフレ期待
3．国債リスクプレミアム
4．同年限の他国の長期金利水準
5．長期資金の需給バランス

1．将来の短期金利予想

長期金利は、同じ期間内で将来の短期金利予想の動向に影響を受けます。

例えば、将来の短期金利が上昇すると予想される場合は、その期間を含む長期金利も上昇します。長期金利は、同じ期間、連続する短期金利

の平均に近づくと考えることができます。

2．インフレ期待

　長期金利は、将来インフレ圧力が高まると予想される場合は上昇し、逆に収まると予想される場合は低下します。

3．国債リスクプレミアム

　長期金利は、同年限の国債を発行する政府の財政状況が悪化すれば、国債の信用リスクや流動性リスクが高まるため、投資家が国債を保有するリスクを補償する分のリスクプレミアムが発生します。そのため、その分、長期金利の上昇要因になります。

4．同年限の他国の長期金利水準

　金融・資本市場のグローバル化が進み、長期の投資資金が国境を越えて大量に移動する時代になっているため、長期金利も他国の動向を反映しやすくなっています。

5．長期資金の需給バランス

　経済成長により、企業による設備投資資金の需要が伸びたり、個人の住宅建設資金の需要が伸びたりすると、長期金利は上昇します。また、政府が長期国債の発行量を増やせば、長期金利は上昇します。一方で、中央銀行が市場で国債購入のオペレーションを拡大すれば、市場へ資金が放出されるため、長期金利の低下要因となります。

　以上の長期金利の決定要因の中でも国によって事情は異なり、例えば米国長期金利の場合は、他国の金利水準に影響を受けるというよりは、むしろ影響を与える側なので、あまり関係がありません。

それでも、長期金利の決定要因は短期金利に比べて多岐にわたり複雑になっています。1つの要因だけで決定づけられるものではありません。

　日本では、日本銀行が2013年以降の異次元の金融緩和政策の中で、長期金利の誘導目標を決めて長期国債の購入オペレーションを無制限に行う政策を実施しましたが、これは中央銀行の実施する金融緩和策の中でもかなり異例なものであり、市場の歪みや国債市場の流動性低下といった弊害も出ています。

　以上のような状況が考えられるため、連邦準備法に定められている長期金利の適正水準については、FRBとして、他の物価や雇用に関する目標とは一線を画しているものと考えられます。

"In order to anchor longer-term inflation expectations at this level, the Committee seeks to achieve inflation that averages 2 percent over time, and therefore judges that, following periods when inflation has been running persistently below 2 percent, appropriate monetary policy will likely aim to achieve inflation moderately above 2 percent for some time."

（このレベルで長期的なインフレ期待を確立するために、FOMCは時間をかけて平均的に2％のインフレを達成することを目指しています。したがって、インフレが一貫して2％を下回っている期間の後は、しばらくの間、2％をわずかに超えるインフレ達成を目指すことが、おそらく適切な金融政策になると考えられます）

　上の部分は、2％の目標達成が「平均的に」達成される水準であること、言い換えれば、一瞬でも超えれば達成したと見るのではなく、安定的に達成する水準であることを述べています。

166

　したがって、いったん2％を超えてもその後しばらく下回る状態が続けば、再び2％を上回る水準が続くように政策運営することが「適切な金融政策」の定義になる、といっているわけです。

　これが、「フォワードガイダンス」です。金融政策の方向性や具体的な考え方を明示して、金融・資本市場といった市場の期待を形成し、相場材料として織り込ませる手法です。

　その結果、市場の反応が中央銀行の目指す方向に働くことを期待することができます。

　フォワードガイダンスは、ゼロ金利・マイナス金利政策、量的金融緩和策などと並んで非伝統的金融政策とされ、従来の金融政策（政策金利の設定、公開市場操作、預金準備率の調整）とは異なり、2008年の世界的な金融危機後に世界の中央銀行に広まった金融政策の手法です。

金利引き上げが有効なインフレと有効でないインフレがある

金利調整が効くのはディマンドプル型

インフレーションは、その発生原因により、以下の2つに分類することができます。

1 ディマンドプル型インフレーション（Demand-Pull Inflation）

総需要が総供給を上回る状態が続くために発生するインフレのことです。個人消費や民間設備投資、政府支出が拡大し続ける場合などが想定されます。

2 コストプッシュ型インフレーション（Cost-Push Inflation）

生産コストの上昇が、価格上昇を引き起こすために発生するインフレです。賃金の上昇、原料価格の上昇、税金や規制の増加、その他の供給制約が原因となります。コストの上昇が価格の上昇につながって発生するインフレです。

1のケースでは、需要拡大が価格上昇を伴いながら経済の拡大につながるので、その意味では望ましいインフレといえます。

しかし、2のケースでは、価格上昇が必ずしも経済成長を意味しません。経済全体の供給能力が抑制されるためです。

したがって、ディマンドプル型の場合は、需要拡大を抑制することがインフレ抑制につながるといえます。一方、コストプッシュ型の場合は、

供給能力を回復させることがインフレ対策になるといえます。例えば、労働市場での賃金の是正、企業の生産性の向上、供給を阻害している規制の緩和や撤廃などで、企業や社会の生産活動を抑制しているコストを下げるなどです。

政策金利の調整によってインフレ抑制効果が期待できるのは、ディマンドプル型のインフレの場合です。利上げによって借り入れコストが増大するため、インフレの要因となっている個人消費支出や民間企業の設備投資が、抑制される傾向があります。

コストプッシュ型の場合には、コスト増大によって低下した全体の供給能力を回復させる必要がありますが、政策金利の調整自体はそれほど大きな効果が期待できません。コストプッシュ型インフレーションは生産要素のコスト上昇によって引き起こされるため、利上げによる需要の減少が直接的に価格上昇の抑制に働きにくいのです。

むしろ、インフレだから利上げだと政策担当者が考えて実施しても、効果がないどころかマイナスになる場合もあります。

ディマンドプル型かコストプッシュ型か

物価上昇が顕著な場合でも、それがディマンドプル型なのか、コストプッシュ型なのかの判断は注意が必要です。この区別は容易ではなく、通常は両方の性質が混交していると考えられます。どちらの性質が強いのか、を意識して見ることが大切です。

FRBがコストプッシュ型インフレを警戒する場合に、労働市場での各種の指標に注目します。とくに、直接企業のコストに影響する平均時給は、コストプッシュ型インフレと関連付けられて語られる場合が多い指標と言えます。

さらに労働参加率（156ページ）も関係します。労働参加率が低水準

であれば、賃金水準が上昇しても新たに労働人口に加わろうとする人が増えて、インフレ圧力がそれほど増大しないかもしれません。

あるいは、賃金の上昇があっても企業の生産性の向上で吸収できる場合は、利益率は保たれるため、やはりインフレ圧力は高まらないことも想定されます。

総じていえることは、インフレーションの発生要因や経済の相互作用は多岐にわたり、単一の政策手段だけで制御することは難しいということです。適切な政策は、具体的な経済状況やインフレーションの要因に応じて慎重に選択される必要があります。

こうした労働市場の需給とは別に、コストプッシュ型インフレーションが懸念される状況があります。それは輸入価格の上昇が国内物価の上昇に転化される場合です。それは以下の順番で起きます。

① 輸入価格の上昇
エネルギーや原材料価格の上昇で輸入物価が高騰します。これは通常、自国通貨の対外価値が減価したり、輸入財が国際市場で供給制約になるか、需要が増加するなどで起こります。

↓

② 生産コストの増大
輸入物価が上昇すると、輸入品を利用して商品やサービスを生産する企業のコストが増加します。このコストを自社内で吸収できなければ、自社の製品・サービス価格に転嫁します。

↓

③ 商品・サービス価格の上昇
企業の価格転嫁が進むと、消費者物価を押し上げます。

↓

④　賃金の上昇圧力

　消費者物価の上昇が定着すると、労働者の賃上げ要求が高まり、企業側も応じざるを得なくなります。生産コストがさらに増加するため価格転嫁が一層進み、物価上昇圧力もさらに高まります。

↓

⑤　ホームメイド・インフレの発生

　国内の流通経路だけで物価上昇と価格転嫁の循環が完結し増大するため、輸入インフレからホームメイド・インフレに転化します。ホームメイド・インフレは、国内要因だけで拡大するインフレです。このホームメイド・インフレの例は、輸入インフレに端を発しているので、コストプッシュ型インフレの性質を持っています。

　このように輸入物価の上昇が国内物価の上昇に転化される場合も、当初から輸入物価の高騰という、FRBの金融政策がカバーする範疇にない状況から始まったうえに、賃金インフレと同様にコストプッシュ型であり、金融政策で対処できる手段は限られます。

　また輸入物価の高騰自体、海外向けの支払額が増加し、富の国外流出になるため、国内経済にはマイナスです。

FRBが分類する物価上昇の種類

物価に対する見方は住宅とそれ以外を分ける

実際に、FRBが物価に対してどのような見方をしているのか、2023年5月2日、3日に行われたFOMCの議事録から見てみます。

議事録の中に、「FOMC参加者による経済の現状と見通しにおける見解」という記述部分があり、雇用や経済成長と並んで物価についても1つのパラグラフで書かれています。

この中では、インフレの分類を、「食品とエネルギーを除く商品価格で見たインフレ」（core goods inflation）と「サービス価格で見たインフレ」（services inflation）に分け、さらに「サービス価格」についても、「住宅関連のサービス価格で見たインフレ」（housing services inflation）と「住宅以外のサービス価格で見たインフレ」（nonhousing services inflation）に分けています。少々長いですが以下に引用します。

"Participants agreed that inflation was unacceptably high. They commented that data through March indicated that declines in inflation, particularly for measures of core inflation, had been slower than they had expected. Participants observed that although core goods inflation had moderated since the middle of last year, it had decelerated less rapidly than expected in recent months, despite reports from several business contacts of supply chain constraints continuing to ease. Additionally, participants emphasized that core nonhousing services inflation had shown few signs of slowing in the past few months. Some participants remarked that a further easing in labor market conditions would be needed to help bring down inflation in this component. Regarding housing services inflation, participants observed that soft readings on rents for leases signed by new tenants were starting to feed into measured inflation. They expected that this process would continue and would help lead to a decline in housing services inflation over this year. In discussing the likely effects on inflation of recent banking-sector developments, several participants remarked that tighter credit conditions may not put much downward pressure on inflation in part because lower credit availability could restrain aggregate supply as well as aggregate demand. Several participants noted that longer-term measures of inflation expectations from surveys of households and businesses remained well anchored. Participants emphasized that with appropriate firming of monetary policy, well-anchored longer-term inflation expectations would support a return of inflation to the Committee's 2 percent longer-run goal."

　主な内容は、概ね以下の通りです。
① 　３月までのデータでは、とくにコアインフレが予想したほど減速していない
② 　「食品とエネルギーを除く商品価格で見たインフレ」については、減速が見られるようになったのは昨年半ばからであり、供給網の制約が緩和されている報告があるにもかかわらず、減速が思ったほどではない
③ 　「住宅以外のサービス価格で見たインフレ」はここ数か月、ほとんど減速の兆しが見られない
④ 　「住宅以外のサービス価格で見たインフレ」が収まるには、さらに

労働需給の緩和が必要との意見も一部にあった

⑤ 「住宅関連のサービス価格で見たインフレ」は、家賃の下落が反映し始め減速の兆しが見え、この傾向は年内続きそう

⑥ 銀行部門は信用収縮で総需要を抑制するのは物価抑制要因だが、同時に総供給も抑制するため、総じてインフレの抑制効果はそれほどないかもしれない

　総じて、インフレは想定したほど収まっていない、とくにサービス価格の物価上昇については収まる気配がないが、住宅関連のサービスは順調に下落傾向が見られる、といった内容になっています。

　サービス価格を「住宅関連」と「住宅以外」で分けるのは、一般に住宅投資は景気への波及効果が大きく、住宅関連のコスト（家賃、住宅ローンの利子、保守修繕コスト）を1つの分類にすることが適切だからです。また住宅市場自体、住宅ローンの利子率や土地価格などで、他の物価とは異なる動きをするうえに規模が大きいためです。したがって、住宅関連サービス価格は他と分けて考える必要があります。

　また、⑥銀行部門についての見解の部分を、もう少し具体的にいうと次のようになります。

　信用収縮、すなわち貸し渋りが起きると、それを資金源にしていた企業や個人が影響を受けます。企業では設備投資や在庫投資が制約され、個人では住宅や車などの購入が減少することで、総需要が落ち込みます。

　減少した需要は、理論的には物価上昇圧力を緩和します。しかし、信用収縮は供給側にも影響を与え、銀行の貸し出しに依存していた企業の生産や個人の消費意欲も後退することになります。

　その結果、供給面でも制約が生じ、物価上昇圧力が継続する可能性があります。したがって、信用収縮が発生した場合でも、物価は必ずしも予想通りには下がらないかもしれません、ということです。

第 7 章

FRBの政策に影響を与える
その他の経済指標

インフレ動向を見る
「消費者物価指数」(CPI)

都市部の家計調査に基づくCPI

　FRBの2つの政策目標のうちの1つは、「物価の安定」であり、FRB
が物価上昇の判断をする際に重視するのはPCE（個人消費支出）デフ
レーターであることは、第6章で述べました（160ページ）。

　しかし、物価動向を見る経済指標はPCEだけではなく、他にも重要
な指標があります。

　その1つは、米労働省が発表する「消費者物価指数」（CPI, Consum-
er Price Index）です。

　第2章（52ページ）で述べたように、CPIは都市部の家計調査に基づ
くデータです。個人が実際に消費のために支出した金額が元データにな
っているので、広く人々の肌感覚に近い物価を表します。

公表が早いので重要な相場材料になる

　したがって、CPIは、社会保障給付金や年金などのインフレ調整、賃
上げ交渉、地域別の価格変動調査、特定のカテゴリーの長期的な価格変
動の調査など、その性質上、PCEではとらえられない、または反映し
にくい価格変動を調べたいときに使われます。

　同じ対象月であればPCEよりCPIの公表日のほうが早いので、物価
動向の変化に素早く対応するためにCPIの発表も金融・資本市場にとっ
て重要な相場材料となります。

消費者物価の先行指標となる「生産者物価指数」（PPI）

出荷時点での価格をもとに算出するPPI

「生産者物価指数」（PPI, Producer Price Index）は、米国労働省によって発表され、国内の生産者が自身の製品に対して受け取る販売価格をもとに算出します。出荷時点での価格なので、輸送費などは含みません。総合指数の他、製造段階別（原材料・中間財・完成財）、品目別で算出されます。

商品の流通過程で最も川上に位置するため、消費者物価指数の先行指数として使われることもあります。

とくに、コストプッシュ型インフレーションが進行しつつある場合は、消費者物価指数（CPI）と対比させることで価格転嫁の状況がわかり、インフレの程度を把握することができます。

PPIとCPIの違い

商品のスタートとなるPPIと最終消費者のCPIの間には、輸送費の他に、政府による補助金、税金、その他の流通経費、販売経費などが加わっています。

PPIは、商取引上の長期契約において価格の指標として使われる場合もあります。例えば、パンの長期契約は小麦のPPIの変動をパンの契約価格に適用する、といった取り決めなどです。

雇用関連で重要な「新規失業保険申請件数」

失業保険を申請した人の数を示す

FRBの政策目標である「雇用の最大化」を達成するための政策策定で、雇用統計が重視されることはすでに述べた通りです。

その中で、第5章（145ページ）で解説した「非農業部門雇用者数」「失業率」「平均時給」は最も重要な3つの項目ですが、その他にも注目しておきたい指標があります。

それは「新規失業保険申請件数」（Initial Unemployment Insurance Claims）です。

これは、特定の週に初めて失業保険を申請した人の数を示す経済指標です。この申請件数が増加すると、雇用環境が悪化していることを示します。企業による人員削減が進み、雇用を失った人が新たに失業保険を申請していると考えられるからです。

労働市場をリアルタイムで把握できる

逆に申請件数が減少すると、雇用環境の改善を示し、就職の機会が増えていることが考えられます。この指標は週ごとに公表されるので、労働市場の状況をリアルタイムで把握できるメリットがあります。

ただし失業保険という労働市場のごく一部の実態が見えるデータに過ぎません。最終的には、雇用率や労働参加率などの指標（156ページ）と合わせて確認することが重要です。

先行指標の意味合いが強い
景況感関連統計

定性的な経済指標もある

　これまで、FRBが重視する経済指標として、雇用や物価関連の指標について触れてきましたが、経済指標には、この2つ以外にも市場の動きを知るうえで重要なものが多くあります。

　こうした経済指標の性質をつかむためには、分類することが有用です。分類方法には以下のようなものがあります。

① **景気循環に対する時間的なズレ**

　景気動向を先取りするもの、ほぼ同時に動くもの、景気動向を後追いするもの、といった観点から先行指標・一致指標・遅行指標という分類

② **インフレを基準**

　インフレを考慮した実質指標か、考慮しない名目指標か

③ **定性的か定量的か**

　主観的な意見などの定性的な情報と、具体的で計測可能な定量的な情報の分類

　この他にも、様々な分類方法がありますが、ここでは、③定性的か定量的か、で分類することにします。

　定性的な情報を元にした経済指標というのは、調査対象者の主観的な感覚を数値化したデータです。回答者の信頼感や不安感、景況感のとら

え方の違いなど、本来、数値としてとらえ切れない情報を得られるようにします。こうしたデータをソフトデータといいます。

これらの指標は、企業や消費者の感情や期待を反映するもので、定量的な情報を元にしたデータに先行して動くケースが多いと考えられます。

ソフトデータとしての経済指標には、以下のようなものがあります。

1　ISM製造業購買担当者景気指数
（ISM Manufacturing Purchasing Managers' Index）

ISMが算出する、製造業における業況を示す指標です。

ISMとは"Institute for Supply Management"（全米供給者協会）のことで、新規受注、生産、雇用などのビジネス活動をカバーしています。

各項目について、前月比で拡大（増加、改善）、縮小（減少、悪化）を購買担当者が報告します。拡大（増加、改善）を100％、同じを50％、縮小を0％のように決めて加重平均から指数を算出します。

製造業全体の景気動向として、指数が50を超えれば拡大、50未満となれば縮小と見なされます。またこれとは別に新規受注などの個別項目についても、同様に拡大、縮小がわかります。

また"Supply Management"というのは、企業活動に必要な材料の調達や製品の仕入れ、在庫管理といった業務に携わる人の景況感になるので、時間を置いて設備投資、在庫投資、消費の動きとして実現する可能性が高く、その意味で先行指標としての性格を持ちます。

2　PMI購買担当者景気指数
（Purchasing Managers' Index）

ISMと同様に、企業の景況感を示す指数で、イギリスのIHS Markit社が各国で実施した調査に基づいて算出されます。調査方法やデータの算出方法などは、加重の配分などで違いはあるものの、著しい違いはありません。

大きく異なるのは、先のISMがアメリカ国内に特化した調査であるのに対し、PMIのほうは世界各国別に調査を実施していることです。この指数も、ISM製造業景気指数と同様に、FRBの金融政策に影響を与えると考えられます。

3　ニューヨーク連銀製造業景気指数
（Empire State Manufacturing Survey Index）

ニューヨーク連邦準備銀行が発表する月次経済指標で、ニューヨーク州の製造業の景況感を示す経済指標です。

指数が表す「景況感が良い・悪い」の分岐点はゼロであり、プラスが「良い」、マイナスが「悪い」となります。

毎月15日に発表され、他の製造業景況感の経済指標に比べて早いため、他の指標に対する先行指標になります。また、大規模な経済圏を持つニューヨーク州が対象となるため、全米の動向をある程度は先行して反映する可能性もあります。

もちろん、ニューヨーク州と全米では、経済状況が異なる可能性も大きいうえに、ニューヨーク州、全米ともに非製造業の割合が多く、他の指標や全米の指標と合わせて見る必要があります。

4　フィラデルフィア連銀製造業景況指数
(Philadelphia Fed Business Outlook Survey)

　ニューヨーク連銀製造業景気指数と同様に、地域の企業における景況感を調査して算出される指数です。担当する米国東部地区が全米の中でも主要な経済地域であることや、分岐点がゼロで、プラスが「良い」、マイナスが「悪い」となる点も同じです。

　毎月第3木曜日に発表されます。この指数独自の特徴は、歴史がある点です。1968年から発表されるようになった指標であり、長期的なトレンドを読み取るには適しているうえ、歴史が古く信頼性があることから、注目される指数になっています。

5　消費者信頼感指数
(CCI, Consumer Confidence Index)

　消費者信頼感指数は、アメリカの一般消費者の経済に対する信頼感や将来の経済状況に対する期待を定量的に表した指標です。米国のカンファレンスボード（全米産業審議会、The Conference Board）が毎月発表しています。カンファレンスボードは、1916年に設立された非営利調査機関です。

　この指標は、5000世帯以上の消費者を対象に、現在のビジネスと雇用状況、次の6か月間の所得予測など、個人としての感じ方を答えてもらい指数化したものです。

　米国の個人消費を占うのはもちろん、個人消費による割合が大きい米国経済全体の動向を見るための重要な指標です。後述のミシガン大学の指数に比べて、個人の消費行動よりも景気全体や雇用状況などに関する

質問に重点が置かれています。

6　ミシガン大学消費者信頼感指数
（University of Michigan Consumer Sentiment Index）

　米国の消費者の経済に対する信頼感や見通しを測定するための指標です。ミシガン大学調査研究センターが行う電話調査に基づいて、約500世帯を対象に集計・算出されます。

　この指数は、

1．現況指数（Index of Current Economic Conditions）

　現在のビジネスや財政状況が5年前に比べて良くなったか悪くなったか。

2．期待指数（Index of Consumer Expectations）

　5年後のビジネスや財政状況が今に比べて良くなるか悪くなるか。

　といった2つのサブインデックスを組み合わせて算出します。

　カンファレンスボードの消費者信頼感指数と似ていますが、カンファレンスボードの指数発表は月1回なのに対して、ミシガン大学の指数は月2回発表され、調査対象地区もカンファレンスボードが米国外も調査するのに対して、ミシガン大学は米国内のみです。

　さらに、質問の内容が、ミシガン大学の指数のほうが具体的な個人の消費行動に関するもののため、個人消費支出の予測に使われることが多くなっています。

経済成長の詳細な動向がわかる実物経済指標

定量的な指標は客観性に優れる

　定性的な経済指標であるソフトデータに対して、定量的な経済指標のハードデータは客観性に優れ、特定の産業の生産量、GDP、失業率など具体的かつ詳細なデータを示すものです。

　そのため、景況感のようなソフトデータに比べて信頼性に優れます。ただし、人々の景況感に基づいて実現した経済を表すため、景況感より景気動向を反映するタイミングは遅れます。

　ハードデータとしての経済指標には、以下のようなものがあります。

> ## 7　アトランタ連銀GDPNow
> ### (GDPNow Federal Reserve Bank of Atlanta)

　アトランタ連邦準備銀行が発表する、実質GDP（国内総生産）成長率の"forecast"ではなく、"nowcast"（現時点での予測）を提供するモデルです。経済指標としてのGDP成長率は、経済全体の動向を比較的正確にとらえることができますが、景気動向についてはかなり遅行性のある指標である点が欠点です。

　この指標は、個人消費支出、企業の在庫投資、住宅投資、純輸出（輸出から輸入を引いたもの）、政府支出など、GDPの構成要素の月次と四半期データに基づいて、「現在の四半期」のGDP成長率に与える影響を把握することができます。算出結果について公式サイトでは、数値とチ

ャートで示されます。

8　小売売上高（Retail Sales）

　米国商務省が発表する、特定の期間における小売業者の総売上を表す統計です。物販のみでサービス価格は含まれません。販売された商品の数量と価格を掛けて計算されます。

　物価上昇分込みのデータになるので、インフレが高進しているときにはその分上振れします。また、小売売上高は、消費者の信頼感、すなわち個人の財政状況や社会の経済状況の満足度や不安の程度を反映したものになります。

　消費者信頼感指数（182ページ）のようなソフトデータではなく、実際に取引されたハードデータにより信頼感が把握できます。また同じハードデータでも、個人消費支出（PCE）より公表のタイミングが早いため、その意味でも小売売上高は指標として注目する価値があります。

9　鉱工業生産指数（Industrial Production Index）

　FRBが毎月公表する、鉱業、製造業、電力・ガス・熱供給・水道業の各部門の実際の生産活動を数値で表した統計指標です。

　こうした産業分野は、GDPに占める割合が大きく、経済成長の状況を判断するための重要な指標です。したがって、景気循環の動きを反映しやすく、景気の動向を把握するために注目されます。

　指数は、一定の基準年を決め、その年の生産量を100として、その後の各年の生産量をその基準年に対するパーセンテージとして表します。したがって、指数が増加すれば生産活動の増加を、指数減少は生産活動の減少を示します。

日本の日銀短観がそうであるように、この指数もFRBが直接公表に携わっているため、一般に金融政策と関連づけて見られることが多くなります。

10　住宅着工件数（Housing Starts）

　米国商務省が発表する統計数字で、当該月に建設が開始されたすべての種類の新築住宅件数です。住宅投資は、家具や電化製品などの住居関連の購入を増やすと考えられ、一般に経済全般への波及効果が大きいため、景気動向を把握するための重要な指標となります。

　小売売上高と同様に消費者の信頼感を表すハードデータで、かつこの数字が増加すれば小売売上高の押し上げ効果となって波及することが期待されます。

11　中古住宅販売件数（Existing-Home Sales）

　全米不動産業者協会（NAR, National Association of Realtors）によって毎月発表される中古住宅の販売件数です。新築住宅の着工件数のように、雇用市場や経済に与える影響は大きくないのですが、中古住宅市場自体が新築住宅市場よりも大きいため、住宅市場の動向や景気動向を見る指標として有用です。

12　S&Pケース・シラー住宅価格指数
##　　（S&P/Case-Shiller Home Price Indices）

　スタンダード＆プアーズ社（S&P）が発表する米国内の住宅価格の変動を測定するための重要な経済指標の1つです。この指数は、経済学者

のカール・ケースとロバート・シラーの名前をとって名付けられました。

　アメリカの10大都市の戸建て住宅の価格動向を追跡している指数と、これに10都市を加えて20都市の指数にしたものがあります。また各都市別の指数も算出しています。

13　貿易収支 (International Trade in Goods and Services)

　米国商務省が発表する貿易収支で、財（Goods）とサービス（Services）の輸出と輸入の差額に関する統計です。

　財とは、自動車、電子機器、衣料品といった物質的な製品や商品で、サービスとは、金融サービス、旅行、知的財産の使用料などを指します。

　輸出額から輸入額を差し引いてプラスであれば貿易黒字、マイナスならば貿易赤字となります。一般に貿易黒字の発生は、国内の総需要（有効需要）が低い、すなわち海外需要に頼らなければ景気がさらに低迷する場合であり、逆に貿易赤字の発生は、総需要が過熱気味である場合が想定されます。

地区連銀経済報告書
（ベージュブック）

全米の現地の経済情報をまとめた報告書

　「地区連銀経済報告書」も重要なデータを提供します。これは指標ではなく、FRBが発行する経済報告書の１つです。正式には、"Summary of Commentary on Current Economic Conditions" といいます。

　一般には、報告書の表紙の色から「ベージュブック」（Beige Book）と呼ばれているものです。

　この報告書は、米国各地にある12の連邦準備銀行が、地元のビジネスリーダーや市場専門家から集めた現地の経済情報をまとめています。年に８回、FOMCの２週間前の水曜日に公表されます。

　集めた情報は、結果を製造業、小売業のようにセクターごとにまとめて、全米の要約が作成されるという手順です。

おわりに

　本書は、複雑に絡み合った金融の世界を理解するためのガイドブックとして執筆しました。FRBのみならず、その背後の経済の仕組みも理解できることを目指しています。

　かつて、ニューヨーク連邦準備銀行のエコノミストだった知人に誘われ、NY連銀を訪れたことがありました。以前訪れた他の連銀と比べ、NY連銀の雰囲気は別格でした。各国の中央銀行やプライマリーディーラーとつながるディーリングルームは、非常に静かな雰囲気でした。また地下の金庫には、各国政府や中央銀行が保有する大量の金塊が保管され、壮大さに圧倒される思いでした。この時の経験は、本書の内容を書く際、アイディアの源となりました。

　金融の世界は常に変化しています。今後とも、金融・経済の情報を発信していく予定です。本書をお読みいただいた皆様とは、またどこかでご縁があることを願っております。

　最後になりますが、本書の執筆にあたっては、多くの方々にお力添えをいただきました。

　出版のきっかけを与えてくださった松尾昭仁さん、大沢治子さん、日本実業出版社・編集担当の安村純さんに、厚く御礼申し上げます。

　そして、数多く出版されている金融関係の本の中で、本書を選んで読んでくださったあなたにも、心から感謝申し上げます。本書をきっかけに、FRBやその背景の経済の仕組みがいっそう身近に感じられるようになったとしたら、これ以上の喜びはありません。

工藤浩義

索　引

工藤浩義（くどう　ひろよし）

金利為替市場コメンテーター、金融翻訳家。上智大学経済学部卒業。銀行にて融資・預金業務やSWIFT・コルレス業務など外国為替業務を担当。湾岸戦争時に有事のドル買いによる相場急騰を見て、リアルタイム情報の重要性を感じ、金融情報サービス業QUICK（日本経済新聞社グループ）に移る。経理部・財務部での業務、米ニューヨーク現地法人マネージャーとして米国の会計・税務全般を担当。その後、情報本部にて日経225オプション戦略や債券先物（JGB）の市場コメント執筆、米FRB関連情報の翻訳・配信を行う。米企業ブリッジニュース社に移り、同様のサービスを導入・発展させる。現在は金融市場のコメント執筆や金融・企業財務の翻訳業務に携わる。

◉連絡先アドレス：info@mp-consulting.jp

FRBの仕組みと経済への影響がわかる本

2023年9月20日　初版発行
2024年2月10日　第3刷発行

著　者　工藤浩義　©H.Kudo 2023
発行者　杉本淳一

発行所　株式会社日本実業出版社　東京都新宿区市谷本村町3-29 〒162-0845
　　　　編集部　☎03-3268-5651
　　　　営業部　☎03-3268-5161　振　替　00170-1-25349
　　　　　　　　　　　　　　　　　https://www.njg.co.jp/

印刷／理想社　　製本／共栄社

ISBN 978-4-534-06037-2　Printed in JAPAN

下記の価格は消費税(10%)を含む金額です。

経済指標　読み方がわかる事典
日本＆世界の景気を把握し先読みする

森永康平
定価 1980円（税込）

日本や世界の景気動向の把握や予測に役立つ、経済指標64項目の読み方と使い方を物価、不動産などカテゴリーごとに解説！　個人投資家や金融関係者、経済に強くなりたい人にお勧め！

〈最新版〉
本当にわかる　為替相場

尾河眞樹
定価 1870円（税込）

米国FRBによる利上げで為替相場が変動する中、テレビ東京のレギュラーとして人気の著者が為替市場の仕組み、トレーダーの心理学、各種経済指標の読み方等、為替相場のすべてをやさしく解説。

教養としての「金利」

田渕直也
定価 1870円（税込）

金融の基本ともいえる「金利」について、その意義、仕組み、歴史的背景などを金融関連の良書を数多く著している著者がわかりやすく解説。面白いのに読み応えのある入門書！

増補改訂版
道具としてのファイナンス

石野雄一
定価 2750円（税込）

「わかりやすいファイナンス本」として定評のあるロングセラーを全面改訂。「難しい数式は避けてExcelに任せる」というコンセプトで、実務に役立つ知識・方法をわかりやすく解説。

定価変更の場合はご了承ください。